野口 敏

誰とでも 15分以上

会話がとぎれない!話し方

そのまま話せる!
お手本ルール50

すばる舎

まえがき

ドンドン話せる〝簡単ルール〟があります！

みなさん会話の悩みは尽きません。私の教室でも、生徒さんたちは口々に悩みをお話しされます。


「挨拶したあと、なんて言えばいいですか？」

「なかなか共感できないときは？」

「突っ込んだら、しらけちゃいました……」

「ノッてこないときは、どうしましょう？」

「こんな展開」「あんな展開」で、どう言えばいいかわからない。こうしたご相談は多いんです。さて、どうすればいいでしょう。

もちろん、悩みはご無用です。本書の「お手本」で一気に解決できるからです！

これまで二十五年以上、会話の世界に身を置いて蓄積してきた「はずむ会話のやりとり」を特別に公開いたします。

あなたにひとつ質問です。誰とでも楽しく会話ができる人が大事にしていることがあります。何だと思いますか。それは、

「私の気持ち」をオープンにすること。
そのうえで、「あなたの気持ち」を尋ねること――。

そう、「私はこんな人です」とお伝えしたら、「あなたはいかがですか？」と聞くことでした。相手の気持ちを受けとって、さらに自分の気持ちを伝えてみる……。

会話は気持ちのキャッチボールです。このやりとりをていねいに続けることで、会

話ってずっと続くんです。このシンプルなルールを押さえた上で、**「私の気持ち」の伝え方と「あなたの気持ち」の尋ね方のコツを知り、そのバリエーションをいかに増やすか。**コレが会話力をつける最短の方法です。

そこで、会話の「お手本」の登場です！　本書では、「会話がグンとはずむフレーズ」や「話のふくらませ方」「会話のツボ」をズバリお教えしています。**とくにオススメしたい「お手本フレーズ」には、このように「緑のライン」を引いておきますので、ぜひそのままお使いください。**

どんな相手とも話しやすいテーマを選び、オールシーズンにも対応！　春夏秋冬いつでも使えるように、時候の挨拶からはじまって、楽しい会話に発展させるコツを紹介しています。

何事もお手本から入ると、上達が早いもの。お手本には「理想の形」「奥深い意味」「努力によって超えるべき存在」というポジティブな意味があります。

よく考えてみれば、お習字にも、ゴルフにもお手本がありますね。まずそれを真似て形を覚え、そこから自分独自の世界をつくり上げて成長していくものです。これは会話においても同じこと。押さえておきたい基本がちゃんとあるんです。

本書を読めば、営業先、職場、プライベートでも、「どうしよう……」と困る場面は一切なくなりますよ。どのフレーズもそのまま言えばＯＫですが、慣れてきたら、自分なりにアレンジしてみてください。

私の話し方教室の生徒たちからは、喜びの声が絶えません。「お手本を使ったら、会話がスムーズにはじまるようになりました」「なんだか毎日が楽しいです」などなど。

楽しい「尋ね方」が盛りだくさん！

百聞は一見にしかず。まず手はじめに、とびきりのお手本をご紹介しましょう。

季節は夏、そろそろ暑い日が増えてきた頃です。「暑くなってきましたね」とあなたは目の前の人に話しかけました。さあ、会話のはじまりです。相手は「そうですね」と答えました。このあと、なんて言いますか？

私がオススメしたいお手本はコレです。

「もう、クーラーのスイッチは入れましたか？」

このフレーズを見て「え、そんなこと？　そんな話ならふだんからしているよ」と感じた人もいるでしょう。

また「そんなこと聞いてどうするの？」って訝《いぶか》しく思った人もいるかもしれません。

でも、これがとびきりの切り出し方なのです。

なぜなら、**こういう話題なら誰もが「うん」とか「いいえ」と返事をして、そこから自分なりのエピソードをお話しできるから。**そう、会話にハズレがないのが、このお手本のいいところ。

さらに、ココからは必ず気持ちにまつわる話に広がっていきます。


「まだまだ、クーラーのスイッチは押さないと決めてます。忍耐の限界まで頑張る」

「クーラーのスイッチ？　うん、六月の初めにつけたよ。なんとなく暑かったから。迷い？　なんで迷うの。暑けりゃつけるよ、当たり前でしょ」

「うちは旦那がクーラーつけたがるから、もう戦争よ。絶対に許さないの」

「私はスイッチを入れるまでは頑張れるけど、一回つけたら、もう後は辛抱できないの。禁断の初スイッチは七月の声を聞くまでは絶対に押さないわ」


ほら、なんだか楽しそうな展開でしょう。**人は気持ちを刺激されると、エピソードが次々にわいてきて、話が止まらなくなるものです。**


そこから垣間見える人柄がたまらない。

「まさか！　あなたがそんなに辛抱できない人だなんて。信じられない」

「けっこう自分に甘いゆるキャラだと思っていたのに、そんなしっかりした部分があるなんて！」

こんなふうに、見た目と違うキャラクターにびっくりするやら感心するやら。瞬《また》く間にお互いにうちとけて、すっかり仲良くなれるでしょう。

この話題にはまだまだ続きがあって、相手のことがさらにわかって親近感がわいてくるお手本があるのです。あとで、たっぷりと紹介しますね。

本書を読めば、「会話が上手な人たちは、こうやってコミュニケーションを楽しんでいたのか！　今まで損してきた」とあなたは思うかもしれません。

きっと誰かに話しかけたくなります。自分の気持ちをオープンにしたり、人の心の内を聞かせてもらったりすることで、会話の楽しさ、生きている喜びに触れるでしょう。

さあ、お手本ルールのはじまり、はじまり！

野口敏

目次

誰とでも15分以上　会話がとぎれない！　話し方
そのまま話せる！　お手本ルール50

まえがき……3

1章
楽しい話は「この挨拶」からはじまります
コレが〝会話のきっかけ〟に！
とっておきフレーズ22

ブっさん（猫）
体長 55㎝。神出鬼没。
夕方には帰って行くどこかの
飼い猫。好物は鳩。

1 会話の〝新鮮な楽しみ方〟とは♪……23
「当たり前」の違いにビックリ
お話がうまい人と話してみよう

2 「話しかけやすい人」になろう……27
「おはようございます」と言って3秒待つ

3 挨拶したら「私の話」を！……30
こんな暮らしぶりを伝えてみる

4 春夏秋冬、いつでも使える「3大テーマ」とは？……32
「食べる」「着る」「お金」の話は万能！

5 「暑いね」と言われたら……34
こんな正直さに誰もがクスリ

6 「涼しくなってきたね」と言われたら……38
「サンマの話」と「貧乏話」でノリノリに

7 「寒いね」と言われたら……42
プッと吹き出す「お鍋のこだわり」と「アレがない話」

スバ郎（24歳）
会話が続かないのが悩み。
アパートでひとり暮らしをしている

8 「暖かくなってきたね」と言われたら……48
生活の「ちょっとした変化」が話題になる

9 「ちゃんと反応する」って大事なこと……54
話しにくい人って、どんな人？
わずかな相づちで、大トロのご褒美が！

10 雑談で得ている、ちょっとした「つながり」……58
つらい体験は半分に、嬉しさは二倍になる

2章

まずは「私の話」から！「会話がグン！」とふくらむルール

1 話しかけるのってカンタンです……62
こんな素朴な話題でいい

アカネ（24歳）
スバ郎と同期。
話し好きなのに、
なぜか話が続かない

2 まずは「一往復の会話」でいい……64
「気持ち」が一瞬でも通えばOK

3 「私の話」をサッと言う……66
「〜したのは高校生のとき以来です」

4 「好き」「嫌い」を言うのがミソ……69
「この理由」が楽しい話題に！

5 「冬」は話題が盛りだくさん……72
「正月が終わるとホッとします」

「風邪はよくひくほうですか？　それともひかないほうですか？」

「義理チョコって、もらうのがつらいですね」

6 「春」は「別れ」「出会い」の話題を……79
「卒業して○年になりますね」

「私は昔から、この季節が苦手でして」

7 「春から夏」にかけての話題は？……84
「温水を使わなくても、よくなりましたね」

「六月は祝日がないから、つらいですね」

3章

「あなたの話」を聞くのがミソ

相手がドンドン話してくれる「やりとりのコツ」

8 「暑い夏」はヒンヤリする話……88
「七月に入ると、通勤電車がすきますね」
「この季節、安心してテレビを見ることができません」

9 「小さい秋」はココで見つかる……93
「お店には秋物がいっぱい並んでますよ」
「夕暮れになると、影法師が長くなるでしょう」

10 この時期は「手帳」と「サンタさん」……98
「もう来年の手帳が売り出されていますね」
「サンタさん来るかなって聞くんですよ」

先輩（33歳）
会話が上手い先輩。
動物好きだが、猫アレルギー

1 すぐにしぼむ会話の特徴は？ …… 104
やりとりするのは「私」と「あなた」の話

2 人の話を聞くとココが楽しい …… 106
「新しい自分」にも気づく！
「〜してしまう」と率直に話してみよう
自分を知る手がかりをどうぞ

3 「恥ずかしい話」をしてみよう …… 112
「太ったと思っても、体重計に乗る勇気がなくて」

4 「○○に強いか弱いか」というフレーズを使う …… 117
「風邪のウィルスには強いほうですか？」

5 「人見知り」ネタは盛り上がる …… 122
「春は知らない人との接触が増えて困ります」

6 祝日がない月は、この話題で憂さ晴らしを …… 128
「祝日がないから、つらいですね」

7 夏の定番、「心霊番組」ネタ …… 132
「怖い番組を見たあとは○○できません」

課長（50歳）
スバ郎の上司。
「伝説の営業」という噂がある。
会話が上手い

8 誰もが飛びつく「秋の話題」とは？……137
「手帳を買って、真っ先に見るのはどこですか？」

4章

「ぶっちゃけ話」をしてみよう
人柄がにじみ出てプッと笑えるネタ"7連発"

1 やっぱり欲しい！「雑談力」……142
困ったときに助けてもらえる

2 人間味を感じさせる話題とは？……144
「仕事中にお腹がへったら、どうしていますか？」

3 ひそかに会得した「裏ワザ」を聞く……149
「通勤電車で座れますか？」

社長（65歳）
スバ郎達の会社の社長。
鳩が好きで育てている

ポッポさん（鳩）
いつも社長と一緒

4 「許せないこと」を聞いてみる……154
「許せないマナー違反は何？」

5 「やる気が出る」時間帯でわかることは？……158
「エンジンがかかってくるのは何時頃？」

6 うちとけてきたら、プライベートのお話を！……162
「ひとり暮らしって、生活がゆるくなりませんか？」

7 親ならノッてくる「子供の話」……168
「子供には甘い？　厳しい？」

8 生活の「困った！」を聞く……172
「リモコン権はどなたに？」

9 「共感して、受けとめる」を忘れずに……177
コレをしないとお手本が無駄になる

社長秘書（?歳）
社長の秘書。
いつも社長のお守りで忙しそう

5
章

もう「出会い」をムダにしない！

ちゃんと「親しくなれる」話し方

1 「旅行話」なら警戒されない……182
「旅行の前の晩は、すぐに眠れないほうなんですよ」

2 心配の仕方の「違い」に爆笑！……186
「旅行カバンの大きさは？」

3 しっかり者の笑える「困った」……191
「待ち合わせの場所に、何分前に着く？」

4 見ていない「ドラマ話」を振られたら？……195
「必ず準備するものってありますか？」

5 こんな「もしも……」は盛り上がる……199
「つい惹かれてしまうのは、どのタイプ？」

6 「泣ける場面」にキュンとする……203
「つい涙をこぼすのはどんな場面?」

7 「ショッピング話」にはこう応じる……207
「欲しいものをすぐに決められますか?」

8 意外な人柄を探るコツ……210
「お店の人と話すのに抵抗はないですか?」

6章

コレでみんなが「夢中になって」話し出す!

「大勢」の中で使ってみよう

1 ワッと盛り上がる大ネタを紹介……214
「風邪のとき、熱が何度出たら休む?」

大家さん（?歳）
スバ郎のアパートの大家さん。
おしゃべりで話が長い。
世話好き

2 青春時代を振り返ろう……217
「卒業と聞いて、思い出す歌は何？」
3 本音を話してストレス解消！……221
「休み明け、調子が戻るのにどれくらいかかる？」
4 「夏休みの宿題」ネタで、人生の不思議を語る……224
「夏休みの宿題をやり終えるのはいつ？」
5 「衝撃の夜」の話で、もう会話が止まらない……228
「サンタさんはいないと気づいたのは何歳のとき？」

装丁……石間淳
本文レイアウト……相馬孝江
挿絵……草田みかん

1章

楽しい話は「この挨拶」からはじまります
コレが〝会話のきっかけ〟に！
とっておきフレーズ22

1 会話の〝新鮮な楽しみ方〟とは♪

「当たり前」の違いにビックリ

毎日、あなたはどんな方々と話していますか。もし、いつも同じ人としか、おしゃべりしていないのなら、もっと多くの人と話すことにチャレンジしてみてはいかがでしょうか。

それもなるべく年代、性別、仕事、考え方、価値観が違う人とお話をしてほしいのです。そこにはきっと大きな驚きや発見が待っていて、とても大きな刺激になるでしょう。

たとえば、「まえがき」でご紹介した「クーラーの話題」（7ページ参照）ひとつとっても、**人によって使い方や考え方に、大きな違いがあることに気づくはずです。**

ある人は「設定温度は必ず28℃。だって節電しなきゃ」って言うかと思えば、「クーラーの温度は18℃でないと生きていけない」って言う人もいます。

初めてクーラーのスイッチを入れる時期も「五月よ」って、サラッと言う人。早いですねー。「七月かな」っていうオーソドックスな人。「お盆までガマンする」という不可解な人。そこまでガマンできたら、なぜ、ひと夏ガマンしないのでしょうか。

こんなふうに話を深く聞くと、そ

こに人それぞれの事情や考え方がうかがえて、思わず、「なるほどー。人って面白いなー」って感心してしまうのです。

すると今まで「これが当たり前」って思い込んでいた常識がガラガラっと崩れて、今まで受け容れがたかった他人の行動や態度も許せるようになっていきます。**それこそが、人としての幅が広がった証拠。**

ふだん接している人でも、これから紹介するお手本を使って話してみると、「うわー、そう感じるんだ!」「そんなことをするんだ!」という新鮮な驚きにいっぱい出会えるはずです。

お話がうまい人と話してみよう

人と話すのが苦手な方や人見知りの方に、まずオススメしたいのが「話しかけやすい人」を目指すこと。

会話は自分から話しかけてはじめるものとは限りません。世の中にはお話のうまい人もけっこういて、上手に話しかけて会話をはずませてくれるものです。こんな人の力を借りれば、いつだって会話を楽しめます。

そのために必要なのが、顔を上げて暮らすこと。口下手な方はふだんうつむきがちで表情に乏しく、反応もイマイチっていうケースが大半です。これにはいくらお話し好きな人でもお手上げ。話しかけるのをためらいます。

顔を上げてアイコンタクトを心がけるだけで、すぐに「今日は水曜日だから早く帰れるね」などと言葉をかけてもらえるようになります。

「もし話しかけられたら、何か話さないといけないでしょ。私は話すことなんてそんなに持ってないんです」と心配する人もいるでしょうが、それは後からお伝えするお手本で解決しますから大丈夫。

人から言葉をかけてもらえるって、とても嬉しくて幸せなことです。生きるエネルギーがわいてきます。だから顔を上げて、「私に話しかけても大丈夫ですよ！」っていうメッセージを出しておきましょう。

飲み会などでみんなの輪に入れず悩んでいる人も多いでしょうが、その解決策も同じ。顔を上げて、話している人の顔を見ます。大きくうなずいたり笑ったりできればもう何の心配もいりません。自然とあなたに話が振られるようになります。

もしあなたも知らず知らずのうちに他人との間に壁をつくっている気がしたら、今日から窓を開け、ドアを開いて人との接点をつくりましょう。きっといいことが待っていますから。

挨拶されたら、顔を上げてアイコンタクトしてみよう。コレだけでも話しかけられる回数がグンと増える

「話しかけやすい人」になろう

「おはようございます」と言って3秒待つ

「おはようございます」の言い方ひとつで話しかけやすい人に変身することができます。

コミュニケーションが苦手な人は、アイコンタクトもなく声も小さく挨拶をしがち。さらに挨拶したものの、「おはようございます」と言いながら、身体はもうあちら側を向いて、そそくさとその場を離れてしまうことが多いものです。

それでは他人から話しかけてもらうのはむずかしいでしょう。

たとえば職場で挨拶をするとしたら、まずそこにいる人々の顔を見ながら声をかけます。たとえ相手がパソコンに目をやっていたとしても、あなたは相手を見てください。

と同時に、「おはようございます」の言葉をゆっくりと発音してみましょう。**できれば「おはようございますー」と語尾を伸ばしてください。**すると、あなたは少しでも長くその場所にいることができます。これが大事なことで、そこにいる人々から話しかけられるチャンスが広がるのです。

さらに、顔をあなたに向けてくれた人がいたらアイコンタクトを送って、3秒ほど待ってみましょう。笑顔が出れば最高ですが、無理はしなくても大丈夫。それだけで相手にあなたを見るゆとりができます。

あなたの顔や服装、持ち物やアクセサリーなどが目に入るはずです。そこに話しかける材料がけっこう揃っているものなんです。たとえば服装。

「あれ、今日はコート着てないの？　寒いのに元気ね」とか、「その色いいね。どこで買ったの？」などという具合です。

他にも「髪型変えた？」とか、「傘持っているの！　今日は雨降る？」などと話しかける材料には事欠きません。

これもあなたがアイコンタクトを送って「話しかけていいよ」という態度を取り、ゆっくりと挨拶をし、その後も相手と目を合わせていたから生まれた会話なのです。

人から話しかけられる頻度が高まったらしめたもの。そこでご紹介したいのが、話しかけられたときのお手本の数々です。

挨拶したら、あなたの姿を相手に数秒見てもらうと、スッと会話がはじまる

3 挨拶したら「私の話」を！

こんな暮らしぶりを伝えてみる

　アイコンタクトやゆっくりと挨拶をした結果、あなたはいろいろな人から話しかけられるようになるでしょう。いよいよ、そのときの対処法をお伝えいたしましょう。かりに季節が夏だとします。温暖化の今日この頃、六月の声を聞くとだいたい「暑いねー」っていう言葉が聞かれるものです。このとき「はい」とか「はあ、そうですね」しか言えないと、会話ははずみません。

かといって「館林ではもう36℃を越したそうですよ」というニュースで聞いたような話題では、その後の広がりが望めませんね。

コツは「あなた自身を表現する」ことに尽きます。

といっても、そんなにむずかしいことではありません。暑いときにあなたがどんな状態になっているか、どんな暮らしになっているかを表現するだけでいいのです。

たとえば、こんなふうに言ってみましょう。

「暑くて、朝ゆっくり寝ていられません」

「窓を開けて寝ているので、蚊に刺されて困ります」

そう、あなたの当たり前の日常、暮らしぶりを表現すれば、そこから会話が広がるのです。**そうすることで、あなたは相手に「お話ししましょう。私の心はあなたに開かれています」と伝えることになります。**何気ない言葉のやりとりですけれども、人間関係を築く上ではとても重要なことです。

季節や天気に関する話題で会話がスタートしたら、それにまつわる「私の話」をしてみよう

4 春夏秋冬、いつでも使える「3大テーマ」とは？

「食べる」「着る」「お金」の話は万能！

自分の暮らしぶりを話すときの秘けつをお教えしましょう。**会話がはずむ「3大テーマ」である「食べる」「着る」「お金（を使う）」でお話ししてみてください。**相手もノッてきますよ。これらは誰でも経験することなので、想像力が働き話しやすいからです。季節も春夏秋冬を問わず、いつでもOK。誰でも共感してくれますよ。次項から、これらのお手本例をご紹介していきます。**なお、イチ押しの「お手本フレーズ」には、このように「緑のライン」で目印をつけておきますので、ぜひご活用ください。**

日々の暮らしが、そのままお話のテーマになる！

3大テーマは誰もが飛びつく!

「暑いね」と言われたら

こんな正直さに誰もがクスリ

先ほど紹介した「3大テーマ」を使ってみましょう。「まえがき」で「クーラーの話」をしたので、まずは夏からご紹介します。もしも、「暑いね」と言われたら、どう答えればいいでしょう。最初は「食べる」から！

食べるの話題

「暑いね」

「そうですね。**食欲がなくって、へたばりそう**」

「暑いね」

夏の「３大テーマ」でエピソード探しを！

食べる
では…

Q「暑くなると、食べたくなるものは？」

Q「食欲はあるほう？　なくなるほう？」

着る
では…

Q「服装で困ることは？　楽になることは？」

Q「クーラー対策は？」

お金
では…

Q「夏の電気代はハネ上がる？　いつもと同じ？」

Q「ボーナスは計画的に使うほう？」

食べるの話題

「本当に！　**暑くても食欲落ちないから太るー**」

とっても正直な自己開示ですね。もちろん「ぼちぼちかき氷の出番ですね」とか「家の食卓は、そうめんばっかりです。もっと精のつくもの食べたい」なんていうシンプルなものでも相手は話しやすいでしょう。「着る」も想像がつくはず。

着るの話題

「暑いね」
「**家から駅まで歩くだけで、シャツがビショビショですよ**」

こう言えばもうお話スタート。あなたが汗対策で持っている扇子やタオル、制汗スプレーの話を続きですれば、けっこうなお話が一丁上がりです。

「**夏は洋服代があまりかからないので楽です**」という自己開示もとってもいいですね。「お金（を使う）」っていう話題も、誰もが興味のある話題です。

お金の話題

「暑いね」

「本当に、**クーラーつけっ放しだから、電気代が月に1万円を超えましたよ。**ひとり暮らしなのに」

電気代ぐらいはオープンにしてもいいでしょう。相手も「ひとり暮らしで電気代が1万円！」って食いつくこと間違いなし。

いかがですか。食べる、着る、お金を使う（使わない）という話ならあなたにもむずかしくはなかったでしょう。まずはこの3大テーマを使って、相手の投げかけに返事をしてみましょう。「あの人は話しかけても、いい返事がくる。話しやすいな」っていうイメージを持ってもらえたら大成功です。

自分をオープンにするときは、「食べる」「着る」「お金を使う」をテーマに話してみよう。相手も興味を持つので話がちゃんと広がる！

「涼しくなってきたね」と言われたら

「サンマの話」と「貧乏話」でノリノリに

夏が去るとようやく秋の気配。酷暑続きの昨今では、ほとんどの人にとってホッとする季節の訪れです。ここでも3大テーマが活躍します。

食べるの話題

「ようやく涼しくなってきたね」

「そうですねー。**ぼちぼちサンマも出てますね。大根おろしをかけて食べたら最高ですね**」

ああ、もう誰だってこの話にノッてくるでしょう。「今日、帰りに一杯行く？　サンマ食べたくなってきたよ」っていう人だって現れるはず。八百屋さんや果物売り場

秋の「３大テーマ」でエピソード探しを！

食べる
では…

Q「暑さがやわらぐと食欲はどうなる？」

Q「一番、食べたくなるものは？」

やっと涼しくなってきましたねー
そうだなー

着る
では…

Q「秋の服装で困ることは？」

Q「秋物の服の準備はＯＫですか？」

お金
では…

Q「秋は食べ物と洋服、どっちにお金を使う？」

Q「デート代は男がもつ派？　割り勘派？」

をよく観察していれば、旬の食べ物に気がつくでしょう。梨、栗、柿、リンゴ、それらを言葉にするだけで会話は自然とはじまるものです。簡単なことでしょう。夏から秋へ。服装も変化します。

着るの話題

「涼しくなってきたね」

「そうですねー。**私も今日から長袖にしました**」

こんな「生活の変化」を話題にすればいいのです。また、「もうみなさん長袖ですよね。私だけ半袖で恥ずかしいです」と、変化のないことを話題にするのもひとつの手です。季節が変われば、その支度にお金がかかるもの。そこも話題にしてしまいます。

お金の話題

「涼しくなってきたね」

「本当に。**秋物の服をあまり持ってないので買いに行かないと。お金ないのに困ります**」

こんなふうに自己開示がうまくできたら、相手も気持ちをオープンにしやすくなるので、仲良くなるのも早いでしょう。さらに、「秋物って着られる期間が短くてせいぜいひと月半ぐらいでしょう。買うのをためらっちゃうんですよね。貧乏だから」と、こんな微妙な心模様を話題にできたら、共感してくれる人がたくさんいます。

もちろん3大テーマ以外にも、あなたの暮らしのひとコマを表現できるものがあれば見つけてみましょう。

「クーラーをつけずに寝られるので、ぐっすり眠れます」

「うちの会社は涼しくなる頃に決算を迎えるので、ホッとしていられません」

さあ、あなたのオリジナルも見つけて、会話にジャンジャン盛り込んでみましょう。

盛夏から初秋にかけては、「食」や「服装」に変化が出るもの。そこを見つけて話してみよう

「寒いね」と言われたら

プッと吹き出す「お鍋のこだわり」と「アレがない話」

日本の秋は短く、アッという間に寒波の襲来。気持ちもなんとなく慌ただしくなってくる頃ですね。「寒いね」と言われたら3大テーマで話をはずませてみましょう。

「今日は寒いね」

「そろそろ鍋ものが恋しいですね」

これじゃあ当たり前すぎるので、続けて「**うちはお鍋と言ったらキムチ鍋なんですよ**」と家庭の秘密を打ち明けてみましょう。

すると相手も「うちは最近トマト鍋にはまっているんですよ」とマニアックな話を聞かせてくれて、レシピを持ち出し写メを取り出し、大騒ぎになるかも。

ほとんどの人は食べることが大好き。そこにはみんなこだわりを持っています。あなたが食の話をちょいと持ち出すと、文字通り食いついてくる人がいっぱいいるでしょう。

人はこんなことで気持ちを通わせ仲良くなっていくのです。

寒くなれば服装にも変化が出て当然。ココを話題にしない手はありません。

クイズ!!
闇ナベとは、
Ⓐ Ⓑ どっち？
Ⓐ うす暗くしてなにを選ぶかわからないナベ
Ⓑ 黒い食材をたくさん入れたナベ

着るの話題

「今日は寒いねー」

「本当に。**私も今日はさすがにコートを着てきました**」


こんなことを言うだけでいいんです。その年初めての冷え込みがあなたの町を包み込むその日、あなたの家ではどんなことが繰り広げられていますか。

コートをクリーニングに出していない。マフラーや手袋がどこにあるのか見当たらない。どうして「ヒートテック®」を買っておかなかったのかと後悔する。ほら話題満載でしょ。こんな日、母親や奥さんと喧嘩になるお家が続出しているはず。

「なんでクリーニングに出してないんだ！」
「私の手袋どこ？」
「あのとき、ヒートテックを買っておけばよかった……」

もしひとつでも当てはまるなら、それを人に話さないでどうしますか。

「**ヒートテックの下着って、本当に寒くなって初めて買いに行こうって思うよね**」

そんな話をしてもらえたら、誰だってあなたを好きになりますって。楽しいもん。
お話って自分の日常をよく見つめていれば、いくらでも見つかるものなんです。

冬の「3大テーマ」でエピソード探しを!

食べる
では…

Q「寒くなると恋しくなる食べ物は?」

Q「お宅では鍋といったら何?」

着る
では…

Q「寒いとき厚着?　うす着?」

Q「冬のコートを着るきっかけは?」

お金
では…

Q「冬に一番かかる出費って何?」

Q「暖房のスイッチを入れるとき、
電気代のことを考えるほう?」

お金にまつわるお話も見つけておきますか。

お金の話題

「寒くなってきたね」

「**これから忘年会だ、クリスマスだ、正月だって、お金のかかることばかり続きますね。嫌になっちゃいます**」

本当に年末はお金のかかることばかり。コートやセーターだって買わなきゃいけないし、彼女のいる人はプレゼントも用意しなくては。

「**僕なんか彼女いないからあまりお金かからないんです。良かった**」って楽しそうに言える人は、すぐに彼女ができます。

寒い日。あなたにとってのありふれた日常は何ですか？

暖房器具、熱いコーヒー、毛羽立った毛布、暖房代わりの猫……まだ話題になりそうなものがあちこちに転がっているでしょう。

「うちの暖房器具はコタツだけなんですよ。いつもコタツ布団にくるまって、日がな一日うずくまっています。冷蔵庫にも手が届くし、リモコンは全て手近にあるし、なんか私がコタツから生えているみたいな気になりますよ」

共感できるところがあったら、早速誰かに話してみましょう。

寒いから、「ついしてしまう」ことを探してみると、ありふれた行動でもプッと吹き出す話題になる

8

「暖かくなってきたね」と言われたら

生活の「ちょっとした変化」が話題になる

一陽来復。寒さに耐えて待ちに待った春が訪れると、誰もが心ウキウキ。春風に誘われてあの坂を自転車で駆け上がると、誰かが自分を待っていてくれそうな気分になりませんか。

春も3大テーマで話に花を咲かせてみましょう。まずは「食べる」ことから。

食べるの話題

「暖かくなってきたね」

「本当に暖かいですね。**ケーキ屋さんに行くとイチゴでいっぱいですよ**」

こんな可愛らしい話題なら、多くの人がノッてくるでしょう。

そして春といえば桜でしょう。「**お弁当を持ってお花見に行きたいですね**」も使ってみたいフレーズです。ああ、仕事をしている場合じゃない。ただ「花見に行きたい」と言うよりも、「お弁当を持って」と付け加えるだけで話がはずみそうです。「一緒に行く人いるの?」と聞かれたら、「たとえばの話ですよ」とはぐらかしておきましょう。「**百貨店に行くとホワイトデーのチョコレートがいっぱいで、いい匂いです**」という話も使えます。

服装も軽くなるのがこの季節。「コートを着たこと」が冬の話になるのなら、春は「コートを脱ぐ話」でひと花咲かせましょう。

着るの話題

「暖かくなってきたね」

「そうなんです。**私、今日はコートを着ないで出勤したんです。**やっぱり夜は寒くなるでしょうか？」

女性ならばお金の話題とリンクして、「**スプリングコート欲しいんですけど、ほんの数週間のためにお金出すのがもったいなくて**」と言えば、多くの人が「そう、そう」って共感してくれますよ。

スプリングコートを持っている人は、だいたい富裕層と決まっています。

三月下旬から四月上旬のわずかな肌寒い日のために、誰が真冬のコートと値段が変わらないスプリングコートを買うものですか！

「生地は薄いのに、どうしてスプリングコートは

冬のコートと値段が一緒なの？」ってお話をしてみましょう。面白いですよ。こんなことは女性と深くお話ししないと、男性は決して聞かせてはもらえないでしょう。

「オレなんか真冬のダウンが終わったら、いきなりTシャツだぜ」って、いばってる場合じゃありません。こういうことを知っている男だけが「スプリングコート買ってあげようか」って口説けるのです。

春は歓送迎会の季節。当然出費がかさみますよね。

お金の話題

「暖かくなってきたね」

「本当に！ **ぼちぼち歓迎会の季節ですね。節約しておかなくっちゃ**」

会社勤めはつらいもの。いろんな席に顔を出しておかないといけません。ビジネスマンやOLなら身につまされるお話ではありませんか。

さてこれまで、人から話しかけられたときの「切り返しの話題」を、季節ごとにお伝えいたしました。あなたの感覚に合うものがあったでしょうか。

初めはこのまま使ってみましょう。そして、あなたの身の回りで「コレは！」という話題が見つかったら、積極的に使ってください。お話がきっと楽しくなりますよ。

春は変化の大きい季節。お花見の話題にはじまり、コートを脱ぐタイミングや、上着を選ぶときの「苦労話」に至るまで、暮らしぶりがわかるネタがいっぱい！

春の「３大テーマ」でエピソード探しを！

食べる
では…

Q「春の季節で一番好きな食べ物は？」

Q「得意料理は？」

Q「イチゴ狩りは？」

着る
では…

Q「コートを脱ぐタイミングは？」

Q「コートを脱ぐのは早いほう？　遅いほう？」

お金
では…

Q「いきなりの出費で困ったことは？」

Q「ホワイトデーは何倍返し？」

「ちゃんと反応する」って大事なこと

話しにくい人って、どんな人？

さて、相手から見事話しかけてもらえたら、ぜひ意識していただきたいことがあります。それは相手の言葉に感情豊かに反応することです。

自分が話すことばかりに意識を向けていると、相手の言葉に対する反応が薄くなりがち。**実は話し相手にとって、話題がない人より、反応の悪い人と話すほうが疲れるし、話しづらいものなのです。**

私の講座では女性の講師が「聞き役」になって、「反応のいい人」と「悪い人」とを演じ分け、「話し役」の私と会話を行い、生徒に聞き上手、聞き下手の違いを体感してもらうセッションがあります。

このときは事前に打ち合わせを行っているので、お互いに相手が何を言い、どんな反応をするかわかっています。

しかし、いざ「先週ね、△△新聞社でセミナーをやってきたんですよ」という私の言葉に、「それがどうしたんだ」と言わんばかりに、「はい」と無愛想に応えられると、私の頭の中は真っ白け。話すことが思い浮かばなくなります。

反対に「エーッ！　△△で。それは素晴らしいですね」という、嬉しい反応が返ってくると、打ち合わせになかったことまでも浮かんできて、ペラペラといっぱいしゃべってしまいます。

相手が演技をしているとわかっていても、表情のない反応だと話すことが消えうせ、嬉しい反応だと、話したいことがイメージとなって次々に浮かんでくる。

このことは自分が話し手のときに誰もが体験していることですが、自分が聞き手にまわると忘れてしまう方が多いようです。

これからたくさんのお手本をご紹介しますが、会話をするときは相手の言葉にしっかり反応することをお忘れなく。

わずかな相づちで、大トロのご褒美が！

反応のいい人は人から好かれ、幸せになれる対応を受けることもしばしばです。

今から数年前のある日、私は札幌の寿司屋に一人おりました。

板前さんは若い方で、私は彼の話に「そーなのー」とか「さすが！」とうなずいておりました。すると帰り際に彼が、「これ大トロです。どうぞ」と言ってくれるではありませんか。それも二貫！

翌週、私は那覇の寿司屋に、また一人でおりました。板前さんは四十代ぐらいの方でした。彼の話は地元の海が汚れてきているというもの。

私は「やっぱり土地の人の話は勉強になりますねー」「それはひどい！」「寂しいですねー」と感情豊かに反応しておりました。

すると帰り際。「これ大トロです」と二貫の大トロが！

一週間の間に北と南の町で、私は大トロを二貫ずつご馳走になったのです。

反応豊かに話を聞けるって素敵でしょう。**人は自分の話を反応豊かに聞いてもらえると、話すことがドンドン浮かび、しかも気分が良くなる**ということが私のチャレンジによって証明されたわけです。

お手本だけに頼らず、相手の話に感情豊かに反応することが会話をはずませる何よりの方法ですので、ぜひお取り組みください。

「聞く力」につきましては拙著『誰とでも15分以上 会話がとぎれない話し方！ 66のルール』『同46のルール』（いずれもすばる舎）に詳しく書いております。

興味のある方は、ぜひご一読を！

無理して話題を探さなくても、ちゃんと反応しながら聞くことで、相手の想像力がかき立てられ、話が止まらなくなる

雑談で得ている、ちょっとした「つながり」

つらい体験は半分に、嬉しさは二倍になる

「会話に意味を感じない」「どうでもいいやりとりに価値を感じない」という思いを抱く方もいらっしゃると思います。

たしかに「今シーズン初めてコートを着てきた」とか「うちの鍋はキムチ鍋です」なんて人に伝えても、そこから何かが生まれるわけではないので、意味を感じない人がいても不思議ではありません。

ところがこういう会話にも、大事な意味が隠されているのです。

そもそも私たちは、会話を通して人とのつながりを確認しています。たとえばあな

たが「今シーズン初めてコートを着てきた」と言ったとき、相手が「寒いもんねー」と気持ちを受けとめてくれると、とても大きな喜びを感じるはず。**相手から大事にされている感じがするからです。**

これは心の栄養ともいえるやりとりで、こうした会話を家族や友人、職場の同僚と交わせる人は心身ともに健康でいられます。

幼い子供は、親に向かって「ミッキー！」と言って指をさしたとき、「ミッキーだねー♪」などと共感してもらえると大きな喜びを感じて、心に愛を育んでいくのです。こういうやりとりは、とても大きな意味を持ちます。くだらない雑談などとは切って捨てることはできません。

さらに私たちは、**体験した事柄を言葉にすることで、そのときの気持ちを「再体験する」という面白い力を持っています。**

「一個二千円もするメロン食べてね〜」

「エーッ、一個二千円！　贅沢〜、いいなー」

こうして私たちは一回きりの贅沢体験を、会話によって幾度も体験して幸せをリフレインしています。

反対に、つらい体験は言葉にすることで、その気持ちを小さくできます。

「会社でね、上司がこんなことを言うのよ」

「それはひどい上司ですね。あんまりだ」

つらい気持ちは言葉として吐き出され、相手が共感を持って受けとめてくれると、汚れた雪がとけるかのようにしだいに形を失っていくのです。

会話には、嬉しいことは何度も体験し、つらいことは吐き出してしまえるという大事な役割があります。会話を感情の流れとして見ると、雑談にも重要な意味があることに気づけるでしょう。

幸せな話をすると何度でも喜びを体験できて、つらい気持ちを吐き出せば、やりきれなさが、うんと小さくなる！

2章

まずは「私の話」から！
「会話がグン！」とふくらむルール

話しかけるのって カンタンです

こんな素朴な話題でいい

よく話しかけてくれる人には誰でも親近感を持ちますね。あなたは始業前のちょっとした時間に、同僚や上司に何気なく話しかけることはありますか。

友をつくるのも恋をするのも、まずはあなたが人に話しかけることからはじまります。この力をぜひとも身につけましょう。

人に話しかけて自然な会話をはじめるコツは、その場に落ちている話題でアプローチすることです。その場に落ちている話題というのは、互いの視界に入っているもの、互いに経験したこと、互いが知っていることなどを指します。そういう話ならば相手も話にノッてきやすくなります。

ひとつ例を挙げると天気の話。窓の外に見える風景は、二人ともに目に入るもの。だから互いに自然な会話ができるのです。「いいお天気ですね」と言えば、相手も「そうですね」と答えます。「雨が降りそうですね」と言えば、相手も「そうですね」と答えるでしょう。

これを教室でお話すると、「で、その後はどうするのですか?」とたびたび質問をされます。みなさん、会話を続けることに汲々《きゅうきゅう》としていることがよくわかります。

さらに会話を続ける秘けつはコレです。自分の話、すなわち「私の話」を短く折り込むこと――。こんなときオススメしているのが、私の「好き」「嫌い」を話題にすることです。この説明は後ほど詳しくいたしましょう。

互いの視界に入っているもの、互いが知っているものを話題にしよう。相手も「そうだね」と共感しやすい

まずは「一往復の会話」でいい

「気持ち」が一瞬でも通えばＯＫ

ここでひとつ質問です。63ページで紹介した「いいお天気ですね」という挨拶は、何のためにしていると思いますか。

これは「会話をはじめてもいいですか?」という働きかけです。私たちはこのとき、「よろしければ、気持ちを通わせませんか」と相手に伝えているのです。

そして相手も「そうですね」と言って気持ちを返してくる。この気持ちのやりとりが大切なのです。

だから、すぐに言葉を続けようとしてはいけません。穏やかな沈黙の中で次の言葉を探すことなく目と目を合わせましょう。ここで生まれる間合い、ひとときだけ止まる時間の中で、私たちは気持ちを通い合わせます。そうして互いの距離が近くなるのです。

もし、その後の言葉が続かなければ、ゆっくりと微笑んで、「じゃ」と言って立ち去ってもかまいません。一旦、気持ちが通じ合った間柄であれば、次に会ったときはもっと気軽にお話ができるはずです。

今日からは、話しかけた後の会話は一往復でいいのです。そうなれば、人に話しかけることも、そうむずかしくはなくなるはずです。その場所に落ちている話題を使って気軽に会話をはじめてみましょう。

まずは「一往復する」ことを目標にしよう。「今日は雨ですね」あるいは「今日は晴れていますね」と言って、親しみの気持ちを送ってみて

3 「私の話」をサッと言う

「～したのは高校生のとき以来です」

さて、会話に対する基本的な事柄を理解していただけたら、いよいよ会話を楽しむ方法をお伝えいたしましょう。

もちろん話がはずみますから、会話がとぎれる心配はなくなりますよ。

繰り返しますが、「そうですね」と言われたら、そこで少し「私の話」を短く折り込みます。そう、このコツは1章でお話ししましたね。

「今日はエレベーターが故障して止まっていましたね」

「そうだね」

「○階まで自力で階段を昇ったのは、高校生のとき以来ですよ」

こちらが話しかけたトピックスに引っかけて、「私の話」をするのが大事なコツ。同じようでも「○○社製のエレベーターは事故が多いそうですね」と新聞情報のお話に持ち込んではその後の展開も後味が悪いですし、お互いのことは何もわからないので親しみがわきません。

でも、**「〜したのは高校生のとき以来」って言われると、相手のイメージはどんどんふくらみます。たとえばこんなふうに……。**

「ずいぶん運動不足だな」
「足が痛かっただろうな」
「この人はデートのときにたくさん歩かせると、機嫌が悪くなるんだろうな」
「ということは、同じフロアのだいぶ年上の○○さんは、もっとつらかっただろうな」

自分の気持ちをオープンにしてお話をすると、自分のことが相手によく伝わって親近感を持たれます。すると相手も同じテーマで自分の話をしてくれる可能性が高くなるのです。

「私はエレベーターが動き出さないかと、5分もそこでジッとしていましたよ」

「課の人が横を通ると、携帯でメールチェックをしているフリをして、その場をやり過ごしたよ」

こんな展開になれば、もう会話は止まりません。それもこれも、自分自身のことをオープンにしたからです。このコツを使ったお手本をご紹介していきます。

自分の気持ちを率直に伝えると、相手も気持ちを刺激され、イメージがドンドンふくらんでくる

「好き」「嫌い」を言うのがミソ

「この理由」が楽しい話題に！

人に話しかけるときに、もうひとつ使える材料があります。それはカレンダー。「もう十月ですね」「今日は二十四日ですね」「今日は金曜日ですね」……。月、日、曜日はそこにいる人にとって必ず共通する話題。これもまさにそこに落ちている話題と呼んでいいでしょう。

「もう十月なんですね」と言われれば、相手も「そうですね」と返してくれます。問題はこの切り出しからお話をどう広げていくか。

ここで話題を思いつく秘訣をお伝えしましょう。**それは何にでも「好き」「嫌い」をはっきりさせて、自分の感じ方を持つようにすることです。**

たとえば、忘年会や新年会、あなたはその雰囲気が好きですか、それとも嫌いですか。決して「どちらでもない」「ふつう」「ときによって違う」と曖昧な態度をとらないこと。曖昧さからお話は生まれません。

なぜ「好きなのか」「嫌いなのか」、その理由が話題となるのです。

まずは自分自身のことをオープンに話してみましょう。あなたの個人的な感じ方でOK。それであなた自身のことがよく伝わり、相手の反応もさらによくなります。

ある話題が出たら、それを「好き」か「嫌い」か考えてみよう。この理由があなたらしいエピソードになる

会話をふくらませるコツは?

「好き」か「嫌い」かをはっきり言ったり、その理由を言ってみよう！

「今日は天気がいいですね。あ〜、会社休みたい」

×
「そうですね」

○
「本当ですね！
晴れた日は社内で
仕事をする気が
うせますよね〜」

「も〜金曜日か。早いな〜」

×
「そうですか？」

○
「早すぎますよね。
まだ今週の仕事、
終わってないのに、
どうしよう!!」

5 「冬」は話題が盛りだくさん

「正月が終わるとホッとします」

自分の「好き」「嫌い」をはっきりさせる練習をはじめましょう。まずは「好き」の場合から。季節は冬、誰もが話題にしやすい「お正月」を取り上げます。

「好き」の話題

正月のごちそうが招くことは？

「正月も終わりましたね」
「そうですね」
「私は正月が終わるとホッとします」

「冬の３大テーマ」の「好き嫌い」

食べる

好き

「お鍋を囲むのが楽しい」
「何かとごちそうを食べられる」

嫌い

「お正月に食べ過ぎて太っちゃう」

着る

好き

「正月明けのセールが楽しみ」

嫌い

「重ね着するから肩がこる……」

お金

好き

「冬は外に出ないから、お金を使わなくていいよね」

嫌い

「人に会う機会が増えて出費も増すなあ」

なぜ好きなのか？

「そうなんですか」

「つい、ごちそうを食べ過ぎてしまうんです。正月が十日も続いたら、とんでもないことになりますよ」

ここから正月の暮らし方に話が発展する人もいるでしょう。代々、一族に伝わる正月のごちそうに話が広がる人もいるはず。「正月は何時起きですか？」なんて話になると、家によって朝5時から昼12時ぐらいまで様々な正月があることに気づくでしょう。

暮らしぶりにスタンダードなどないことに気づけば、あなたも立派な大人です。

「風邪はよくひくほうですか？　それともひかないほうですか？」

さて、真冬で「嫌い」とくれば、真っ先に思いつくのが「風邪」でしょう。

だいたい風邪を好きな人なんかいるのでしょうか。たいていの人は「嫌い」と決まっています。では「なぜ嫌いなのか」を具体的にすれば、話がはずむ話題の一丁上がりです。

「嫌い」の話題

なぜ嫌いなのか？

ひとり暮らしの心細さを告白

「**風邪はよくひくほうですか？　それとも、ひかないほうですか？**」

「まあ、年に一回ぐらいですかね」

「それは少ないですね。私は年に三回ぐらいはひきますよ」

「そんなに！」

「ひとり暮らしなので、家に帰るとわびしくおかゆをつくります」

「寂しさが募るでしょうね」

「ええ、冬の日なんてとくに感傷的になります」

↓気持ちをオープンに

「私にも身に覚えがあります……」

「あ〜、おかゆをつくってくれる人がほしい。きっと風邪も早く治るんだろうなあ」

↓ユーモラスに

風邪の話をすると、こんなふうに独身でいることをしみじみと後悔する人、一人で風邪に立ち向かい決して弱音を吐かない人……多様な風邪ひき模様があることがわかって、楽しいですよ。

「義理チョコって、もらうのがつらいですね」

真冬のイベントとして忘れてはいけないのがバレンタインデー。これにはいい思い出よりも、気まずい記憶のある男性の方が多いでしょう。そこをためらわずに話題にできたら、会話はもう恐くない。

「嫌い」の話題

「義理チョコ」の悲哀

「もうすぐバレンタインデーですね」
「ああ、そうですね」

「あの義理チョコって、もらうのがつらいですね」
「どうして?」

なぜ嫌いなのか？

「だって、**私がもらうチョコって、どう見ても5秒で決められたって感じがするんですよ**」

「ああ、私がもらった義理チョコの箱もペラペラで、どうでもいいって感じでしたよ」

義理チョコ選びにかける時間を、女性たちに聞いてみるといいです。だいたい長くて数分のはず。そう、モテない男がもらう義理チョコは、通りすがりに目についたものを適当に手に取って贈られていることが多いのです。女性が時間をかけて選んでいるのは、もちろん本命、そして女性に贈るもの、最後に自分チョコ。義理チョコは本当にちょこちょこって感じで買われています。なのに純真な男たちは、お返しを選ぶのにとっても長い時間をかけているもの。一度、男と女でこんなことを腹を割って話し合いましょう。

「ねえ、義理チョコ選びにかける時間って、何秒ぐらい？」と「何秒」というフレーズを使えば、きっと彼女たちの本音が聞けて盛り上がること間違いなし。

「350円の予算で探したから、5秒じゃ買えなかったわ」とさらに大きなショックを受けることになるかもしれませんが、傷つくことを恐れずに話を聞いてみましょう。

こんな楽しい話をしたことがある人って、日本の全人口のごくごくわずかのはず。

このまま使えばゼッタイに会話がとぎれませんよ。

「風邪はよくひくほうですか?」「義理チョコって何秒で選んでる?」というフレーズなら、異性とも気軽に話せる

6

「春」は「別れ」「出会い」の話題を

「卒業して○年になりますね」

長く厳しい冬にもいつか終わりがくるもの。低くたれこめた雲にその姿を隠されていた太陽もやがて顔を出し、春の光を私たちに届けてくれます。春は好きという方も多いのではありませんか。

春のテーマは「卒業」を選んでみました。卒業のイメージには多くの人が好感を持っているのではないでしょうか。「好き」の話題で話してみましょう。

「卒業シーズン」と話題をリンク

「好き」の話題

なぜ好きなのか？

「もう三月ですね」

「早いですね」

「袴姿の学生さんをチラホラと見かけるようになりましたね」

「卒業のシーズンなんですね」

「初々しくていいですよね。**私は大学を卒業してもう○年になるのか。**早いなあ」

「学校を卒業してから、もう○年」ここから自分自身の卒業にまつわるお話につなげれば、会話はとてもいい方向に進みます。

「私は昔から、この季節が苦手でして」

別れがあれば出会いもあります。春は入学や異動で新しい人との出会いが多い季節。でもその新しい出会いに難儀する人も多いようです。

新しい出会いを「嫌い」と感じたら、それはお話のはじまり。

人見知りの方にとっては、ようやく馴染んだ人々と別れて、また新しい人間関係を

「春の３大テーマ」の「好き嫌い」

食べる

好き
「イチゴ狩りを楽しめる」
「お花見しながら食べるお弁当がおいしい」

嫌い
「タケノコを使い切れず、余らせることも」

着る

好き
「ショーウィンドウが華やかになるので、
見るのが楽しい♪」

嫌い
「上着は秋物のジャケットでごまかしている」

お金

好き
「近くの公園に行くだけでも、春を満喫できる」

嫌い
「ウキウキしてきて、
つい財布のヒモがゆるんじゃう」

はじめるのは苦痛でしょう。そんなコンプレックスを話題にしてみましょう。

「嫌い」の話題

なぜ嫌いなのか？

人見知り話でぶっちゃける

「もう四月なんですね」

「早いですね」

「**私は昔から、この季節が苦手でして**」

「どうしてですか」

「**人見知りなんですよ**」

「え？　そうなんですか」

「はい。新しい人が異動で来たり、取引先の担当者も変わることがあるんです。そんな人たちと馴染むまでに半年ぐらいかかるときもあります。向こうが私に気をつかっているのもわかって、申し訳ないんですよね」↓気持ちをオープンに

「私も小中学生のときはクラスに馴染むのが遅かったです」

「すぐに友達ができる人が不思議でしたね。どうやって仲良くなったんだろうって思っていました」**↓気持ちをオープンに**

この本に興味を持つ人は人見知りの方も多いような気がします。自分の体験は隠すものではなく、人に明るく語るもの。あなたの経験が他人には興味津々の話題になります。

「そんなことでいいのなら、話すことは山ほどある！」と手を打っていただけたら、私も本当に嬉しいです。

「人見知り」の切なさは、誰もが想像しやすい感情のはず。親しみのわくテーマのひとつ

「春から夏」にかけての話題は？

「温水を使わなくても、よくなりましたね」

新緑の季節にはゴールデンウィークもあってそこに目が行きそうですが、ここでは暮らしの中のこんな小さな部分でも会話になるというところをお見せしましょう。

「好き」の話題

「水温の変化」について、しみじみと

「五月になっちゃいましたね」

「風が気持ちいいですよね」

「**ようやく温水を使わなくても、顔が洗えるようになりましたね**」

なぜ好きなのか？

「そうか！　言われてみて気がついたけど、私も最近、温水使ってないですね」

「寒いときは、温水が出るまで水を流しながら待つのがじれったくて」

「うちは温水にすると水の勢いが悪くなるんですよ。これからは、そういうことに気をつかわなくてもよくなりますね」

こんなことで会話を楽しめることに気づけば、話すことが無限にあることがわかるでしょう。まずは気の置けない人に使ってみてください。

季節が変われば暮らしも変化するもの。日頃の生活の中で、**気温の上昇とともに「しなくなってきたこと」「新しくはじめたこと」があるでしょう。それが話題なのです。**毎日のことですから、ふと気づく事柄がありますよ。気づいたらその場で、何かに書き留めておくのもいい方法です。

「六月は祝日がないから、つらいですね」

さて新緑の時期が過ぎればやってくるのが梅雨の季節。ここでは、この時期の意外な話題をお教えします。

「嫌い」の話題

なぜ嫌いなのか？

祝日が待ち遠しい……

「もう六月ですね」

「そうそう。梅雨も近いみたいね」

「**六月は祝日がないから、つらいですね**」

「六月だけ祝日がないもんね。八月はお盆休みがあるからいいけど」

「そうなんですよ。祝日がないと一ヵ月身体がもちません」

雑談では「仕事が嫌い」っていうゆるい話でストレスを発散させたほうが、いざ仕事となったときにやる気がわくものです。「六月は祝日がない」って言われてみて、そのことに初めて気がつく人もいるみたいですよ。

学校や会社の創立記念日が六月に多いってご存知ですか。それは六月に祝日がないからっていう説があります。学校の先生も、祝日なしの一ヵ月はキツいのですね。

こんなことも雑学のひとつに。ぜひ使ってみてください。

「祝日がなくてつらい」はアレンジOK。「仕事のせいで祝日がつぶれた」「土曜の祝日が、振替休日にならないなんて!」「祝日に会社のイベントが入った〜」など、楽しくグチって発散してはいかが?

8 「暑い夏」はヒンヤリする話

「七月に入ると、通勤電車がすきますね」

最近の夏はただひどく暑いだけで、海や山に出かける気力のない大人にとっては何のいいこともない厳しい季節です。でも暮らしの中を見つめてみれば、小さな小さな本当に小さな幸せが隠れているものです。

通勤電車が少しだけ快適に

「暑いですねー」

「外に出た瞬間にムウッとして息が苦しいよ」

「好き」の話題&その理由

「**でも七月になると学生が夏休みに入って、通勤電車がすくのがいいですね**」

「あ、そうか！　だから最近電車がすいているのか。私は何にも気づいてなかった」

「九月になると、とたんに電車が混みはじめますよね。このままでいいのに」

「それも気づいてなかった。ただ流されるままに生きてるから」

気がついていましたか。学生が夏休みに入ると、電車の混雑も少しやわらぎます。かわりに昼間の電車にやんちゃな子供たちが大勢乗りこんできますけれども。

子供の夏休みなど、大人には関係ないと思いがちですが、暮らしの中では多少の影響は出るものなのですね。あなたの暮らしに子供の夏休みはどんなふうに影響していますか。それが見つかったら、いい話題になるかもしれません。

「この季節、安心してテレビを見ることができません」

真夏の嫌いなところは、お盆の定番、アレの登場です。

大人になっても怖いことは？

「毎日毎日、暑いですね」

「動くだけで汗が出てきて、嫌ですね」

（「嫌い」の話題）

「私はこの季節に、安心してテレビを見ることができないんです」

「どうしてですか？」

（なぜ嫌いなのか？）

「番組の合間に、別の番組の予告で突然、心霊写真や再現ドラマが出てくるでしょう。あれはやめてほしいですね。トイレに行けなくなるじゃありませんか」

「予告もなしに幽霊の大映しは反則ですよね。身体が凍りますよ、本当に」

「もう怖くて怖くて」

「オバケの番組は見ますか？」というアプローチより、「怖い場面が突然テレビ画面に現れる」といった大きな感情が動く瞬間をうまく切り取って話題にできると、相手からエピソードが出てきて話しやすくなります。

「夏の３大テーマ」の「好き嫌い」

食べる

好き

「かき氷の出番ですね」

「夏のカレーは格別ですね！」

嫌い

「夏バテで毎日そうめんばかり。
いくら何でも飽きる」

「ビールを飲み過ぎて太ってしまう」

着る

好き

「ノーネクタイでもＯＫなこと」

「洗濯してもすぐ乾く」

嫌い

「男女の服装が違うため、
クーラーの温度で何かともめる」

お金

好き

「ボーナスが出て嬉しい」

嫌い

「レジャーやショッピングで、
お金づかいが荒くなる」

「子供の頃は、大人になると幽霊も怖くなくなるのかと思っていたけど、今でもあのときと全く変わらずに怖い」という話もしてみましょう。けっこう盛り上がって楽しい話になるものです。

「幽霊の話」は盛り上がりやすいので、持ちネタを増やしておくと重宝する

「小さい秋」はココで見つかる

「お店には秋物がいっぱい並んでますよ」

最近は九月の終盤まで炎暑が続いて、小さい秋がなかなか見つかりません。
でもある場所には一足お先に秋がやってくるのです。どこだと思いますか。
さて、九月の好きなところは、次のような展開でいかがでしょう。

秋を先取りしている場所とは？

「やっと九月がきましたね」
「お彼岸まではまだまだ暑くて、こたえそうですね」

「好き」の話題

「あ、でも、**お店には秋物がいっぱい並んでますよ**」

「そうですね。あそこだけ涼しげですね」

「私も、もう二回もお買い物に行きましたよ」

「もうそんなに！」

「早く着ないと、最近の秋は短いですから」


ファッションは季節を先取りします。話題が少ないという人は出不精なところがあって、こういう話題にうとい傾向があるようです。百貨店やショッピングセンターに出かけたら、ショップに並ぶ服に季節を感じてみてはいかがでしょうか。きっとお話することが見つかりますよ。

「夕暮れになると、影法師が長くなるでしょう」

季節が進むとやっと涼しさが。気持ちはいいのですが、夕暮れが早くなるとテンションは下がってきます。見るものがどれも物寂しく感じるのもこの季節の特徴。十月

「秋の３大テーマ」の「好き嫌い」

食べる

好き
「サンマがおいしい季節ですね」
「おいしいフルーツがたくさん出回る」

嫌い
「秋の夜長に、お腹がすいて目が覚める」
「手が出ないのに、マツタケを食べたくなる」

着る

好き
「おしゃれな服が増えてワクワクする」

嫌い
「厚着しすぎて（薄着しすぎて）、
　失敗することがある」

お金

好き
「冷暖房を使わないので、お金が浮く！」

嫌い
「何かと予定外の出費が増えること」
（※友達の結婚式に出席、新製品の発売など）

の嫌いはそんなところに見つけてみました。

「嫌い」の話題

なぜ嫌いなのか？

影法師の話題で童心に返る

「秋ですね」

「風が気持ちいいね」

「でも秋は寂しいですよね。**夕暮れになると影法師が長くなるでしょう。**あれを見ると物悲しくなるんですよ」

「ロマンチストだね」

「なんか、おかーさーん！　って気分になるんです」

「子供の頃の感覚が戻ってくるんですね」

「ひとり身には堪える季節ですね」　↓気持ちをオープンに

あなたが寂しくなる秋の風景はなんでしょうか。ススキ、落ち葉、落陽、虫の音、そのどれもが物悲しくてお話のタネになります。

ある男性は、晩秋の頃に私の教室に駆け込んで来て、「一人で過ごすのは、もう耐えられない。早くパートナーを見つけて温かい家庭を持ちたい！」とおっしゃいました。晩秋の冷気は、男心を挫く魔力を持っているのですね。

「小さい秋」を感じる風物詩のひとつに「虫の声」はいかが。鈴虫、コオロギ、キリギリスなど、鳴き声にも違いがいっぱい。あるいは「秋はお腹がすく！」っていう話題も身近で楽しいかも！

10

この時期は「手帳」と「サンタさん」

「もう来年の手帳が売り出されていますね」

晩秋から師走にかけてせわしない気分が私たちを焦らせます。季節は足早に冬へと移っていき、私たちの心を急かすのです。

年末になるといろいろな物事が翌年に向かって動き出します。そんな風景を見て「おいおい、まだ今年は終わってないよ」と多くの人が思っているでしょう。晩秋にある「嫌い」はその気分を語ることで表現してみましょう。

やっと見つけたよ
ハトカレンダー
よかったですねー
6月
HATO

「嫌い」の話題
&その理由

「嫌い」の話題
&その理由

なぜ、焦って手帳を買ってしまうのか？


「今年も、もうあとちょっとなんですね」

「少し待ってほしいよね。忙しすぎて目が回りそう」

「本当ですね。**もう来年の手帳が売り出されていますね。今買わないといいのがなくなりますから焦りますね**」

「そうなんだよね。まだ来年のことなんて、考える余裕もないのに……」

「**カレンダーもそうですよ。子犬の可愛いカレンダーなんか、今買わないとなくなっちゃうんですよ**」

「まんまとノせられているねー、オレたち」


手帳にカレンダー。晩秋の文房具売り場に行くと、気分が落ち着かなくなるのは私だけですか？　十月も半ばになりますと、翌年の手帳やカレンダーが売り場に並びますね。それを買ってしげしげと眺めると、気分はもう来年。

「うわー、来年は祝日が土曜日に重なる日が二回もある！　悲しい」

などとつぶやく自分もどしどし話題にして、みんなでその気分を共有しましょう。

「サンタさん来るかなって聞くんですよ」

さあ、2章の長い旅も終着駅を迎えました。時は師走。この月はクリスマスに忘年会、大みそか、正月休みにボーナスと話題に事欠きません。ここでは、あまり人が話題にしていない埋もれた題材を発掘してみました。十二月の「好き」は、子供たちの嬉しそうな表情を選んでみました。

「好き」の話題

近所の子供たちの話題！

「とうとう十二月になってしまいました」

「せわしいね」

「でも十二月って、子供たちがウキウキして見えて好きです」

なぜ好きなのか？

「子供はいいよね。クリスマスプレゼントにお年玉もあって」

「**ふだん口をきいてくれない子も、十二月は話しかけると答えてくれたりするんですよ**」

「へー、近所の子に話しかけるの？」

「**エレベーターで子供に会うでしょ。そのときに、『サンタさん来るかな』って聞くんですよ**」

「へー」

「そうしたら、来るよって言って、嬉しそうに笑うんです。可愛いですよ」

「私も話しかけてみようかな」

私はクリスマスに近所の子供に会うと、必ず「メリークリスマス♪」と言うのを楽しみにしています。初めて会った子供でもだいたいは満面に笑みをたたえて応えてくれるのです。それが私への一番のクリスマスプレゼント。

なかには十二月二十日ぐらいに「サンタさん来るかな？」と話しかけると、「サンタさん昨日来た！」っていう子供にも出会います。「お父さんフライングですよ」ってつい思いますが、その家庭の事情があるのでしょう。そんなこともまた大事な話題。

こうして他人に働きかけると新鮮な話題が手に入ります。あなたはこういうチャレンジから逃げていませんでしたか。

まずはここにある話題をそのまま使ってみましょう。出発はマニュアルかもしれませんが、それを受けての返事はもうオリジナル。あとは自然に任せて、会話を楽しみましょう。

出会った人々と交わす会話の中に、あなたがまだ知らなかった喜びがあふれています。驚きが隠れています。さあ、その箱を開けてみましょう。どんなおもちゃが出てくるか、楽しみですね。

年末は「人とのつながり」をより意識する大事な時期。家族や友人、職場や近所の人たちと積極的に話してみよう

3章

「あなたの話」を聞くのがミソ

相手がドンドン話してくれる「やりとりのコツ」

すぐにしぼむ会話の特徴は？

やりとりするのは「私」と「あなた」の話

会話が続かないのは、「情報だけをやりとりしているからではないか」と私は感じています。次のやりとりは、会話のうまい人ならじれったく感じる展開です。

「今日は暑いね」

「最高気温35℃だって」

「七月の平均の最高気温って、東京で30℃超えてないから、いかに暑いかがわかりますね」

「これからも、この暑さが一週間以上続くらしいですよ」

「温暖化が進んでいる証拠ですね。北極海の氷もずいぶんとけているみたいですし」

この会話は間もなくとぎれるはず。かりに、このまま情報のやりとりが続いたとしても、互いに楽しくはならないはずです。

この会話には「私の話」が出てきません。「あなた」の話も出てきません。だからつまらないのです。

もし、**「うちのクーラーは古くて、28℃にしても、24℃にしても、冷え具合が変わらないんですよ」**こんなふうに「私の話」を盛り込めたら、会話は違うものになるのです。

もちろん「あなたの話」も聞いてほしいですね。


会話がとぎれないようにしたいなら、「会話とは互いのことを伝え合い、知り合うもの」と考えてみましょう。それができたら、会話が長続きするという小さな目標も達成できて、さらに人と親しくなれるという素晴らしい結果も手に入りますよ。

情報のやりとりだけではお互いに疲れる。まずは「私の話」をしてみよう

人の話を聞くとココが楽しい

「新しい自分」にも気づく！

「私の話」「あなたの話」をすると何が楽しいのか。それはつまるところ、自分を知るきっかけとなるからです。

たとえば、「人と待ち合わせをしたのに相手が来ないうえに、携帯電話もつながらない場合、待てるのは何分までか？」という話を他人とすると、「1秒でも遅れたら自分は帰る」という人の話や、「10分まで待つ」「30分まで待つ」などという話が聞けます。

そのとき自分は「相手が来るまで待つ人」であったなら、自分は気が長い人であることに気づけます。

人の行動は、こんなに違う

「待ち合わせをしていて、相手が遅れた場合、
どのぐらいまで待てる？」

30分。
それ以上になったら
近くの喫茶店に入って
待つかな
15分が限界！
携帯電話を10回
ぐらいかけて
出ないときは、
帰っちゃう
うーん。
来るまで待つね。
晴れてたら本でも読んで
ひなたぼっこしてるよ
ぼくは不安で
泣いちゃうよ〜

また「5分で帰る」という人も、他の人が「30分は待つ」と言うのを聞けば「自分は少々せっかちなのかな」とも思うでしょう。

相手がようやく現れたときの態度までお話しできれば、人柄の違いが出ます。

「ブスッとしていて相手の顔すら見ない」

「嫌みのひと言も言わねば気がすまない」

「何かおごらせる」

このようにさまざまな仕打ちがあることを知るでしょう。

そんな状況でも、自分は相手が来てくれたことのほうが、嬉しいと感じるのなら、「今まで気づかなかったけど、自分はとてもいい人なのだ」と知ることができます。

反対に相手を許せない人は、おおらかな人の話を聞いて、いつも責めることばかりで、許しや感謝の気持ちを忘れていたことに気づくかもしれません。

「～してしまう」と率直に話してみよう

自分だけに限らず妻、夫、子の話をすれば、自分の家庭について客観的に知ることができます。
「私は会社に行く日の朝は、なるべく妻を起こさないようにそっと起きて、自分でおにぎりをつくってから出かけます」という人が、「うちは朝、家内のコーヒーをいれる香りで目を覚まします。朝はだいたいサラダとパンとスクランブルエッグですね」という人と話をすれば、結婚相手はしっかり選ばなければならないことに気づくかもしれません。もう遅いですけど。

私たちは誰かと話をして、互いを比べ合ってようやく自分のあり方に気づくことができます。こうして新たな自分を発見することに喜びを感じながら、私たちは成長していくのです。**だから、人と会話す**

るときは些細なことでも「そのとき、私はこんなことを思ってしまう」というように、「言ってしまう」「してしまう」と表現してみましょう。

相手もきっと自分自身をありのままに表現してくれるでしょう。その度に互いに興味がわき、自分に対しても興味が深まっていくはずです。

自分を知る手がかりをどうぞ

ではひとつ自分を知る手がかりを差し上げましょう。

あなたは仕事でよその会社を訪ねます。ところが駅を出たら突然の雨。その会社までは歩いて15分ほどです。傘は持っていません。そのときあなたは、どうしますか。

①コンビニで傘を買う
②ひたすら走る
③濡れてもゆっくり歩く
④タクシーを使う

⑤会社に帰る

⑥コンビニに置いてある誰かの傘を黙って借りる。そして返さない

近くにいる人とこんなテーマでお話をしてみませんか。そこから、どんな自分が発見できるか、お楽しみに。

人の話を聞くことで、「自分ならどうするだろう?」と振り返るようになる。この繰り返しによって、話の引き出しが増えていく♪

「恥ずかしい話」をしてみよう

「太ったと思っても、体重計に乗る勇気がなくて」

では、2章で紹介したお手本をさらに発展させながら、お話をはずませる方法をご紹介しましょう。

ポイントは「私の話」を手短かに伝えること。そのうえで、「私はこうだけど、あなたはどんな人?」というように「あなたの話」も聞いていきます。

ここでは、あの「ごちそうを食べ過ぎた」という「お正月」のお手本(74ページ参照)をもとに説明していきます。

「つい、ごちそうを食べ過ぎてしまうんです。正月が十日も続いたら、とんでもないことになりますよ」
「本当ね。運動もせずにカロリーの高いごちそうばかり食べていたら、身体に悪いね」

ここまで会話が進んだら、さらに「私の話」をふくらませていきます。

この流れでいくと、ふさわしい話題は「太る」でしょう。「私は太ってきたらどんなことをしているのかな」「どんなことを感じるのかな」と考えてみます。それはまさに「私の話」。思いついたらしゃべってみましょう。たとえば、

「**私は太ったと思っても、体重計に乗る勇気がなくて。太った現実をなかなか直視できないんですよ**」

これこそが自分自身。恥じることなどありません。それが自分なのですから。そし

て同じテーマを相手に質問して「あなたの話」を引き出してみましょう。

「あなたは？」と聞く　私の話をする

「○○**さんはいかがですか？**」

「私は体重計に毎日乗りますよ」

「うわー、えらいですね。私はもうダメだってとこまで体重計を避けて、いよいよ乗るときは一大決心がいります」

これに相手も「だいぶ増えていますか？」と応じてくれたとします。これに対して思い切ってこう答えてみましょう。

私の話をする

「増えていますか、なんてもんじゃないですよ。体重計が壊れたのかと思うぐらいです。もっと早く乗るべきだったと嘆き悲しみます」

これを聞いたら、たいていの人は微笑みながら、慰めたくなるはず。反応のいい人なら、こんなふうに答えてくれるでしょう。「毎日量ると、増える量も少しだからショックも小さいですよ」と。

いかがですか。「体重計に乗る勇気があるかどうか」は、まさしく「私の話」で、多くの人が話にノッてきそうでしょう。もし相手にそんな経験がなくても、あなたのエピソードなら興味を持って聞いてみたいと感じてくれます。そして、徐々に「あなたの話」を聞く姿勢へとスライドしていきます。

さて、**次の話題は「太ったと感じる危険信号は何？」です。**思わず盛り上がる内容ですから、話しやすい人とぜひどうぞ。

私の話をする

「そうですよね。私の場合は自分のほっぺが視界に入りだしたら、もうK点越えなんですよ。それ以上いっちゃダメっていうところですね」

↓盛り上げる

「エーッ！　自分のほっぺが見えるんですか」

「あなたは？」と聞く

「ええ、なんとなく見えてくるんです。**○○さんは、自分の危険ラインをどこで見極めていますか？**」

「ほっぺは、まだ見えたことないなー。私はアゴですね。朝、顔を洗うときアゴを引くでしょう。そのときに、アゴに脂肪を感じたら危ないかな。四、五年前は今より8キロも太っていたのよ。そのときは下を向きにくかったもの」

会話をするときは、いつも自分を具体的に表現することを忘れずに。これにつられて、相手もうちとけて話してくれるようになるのです。

ということは、「私はこんなときに、こういうことをしてしまう」というエピソードを見つけておく必要がありますね。まずはお手本を参考にして自分の特徴を見つけていきましょう。

今にも発車しそうな電車。ギリギリ間に合わない感じ……。そんなとき、「自分は間に合わなくても走るタイプ？」それとも「無駄な抵抗はしないタイプ？」こんなふうに自問して、エピソードを探してみよう

「○○に強いか弱いか」というフレーズを使う

「風邪のウィルスには強いほうですか？」

「寒いですね」
「そうですね」
「風邪がすごく流行っていますよね」
「ああ、うちの会社も３人風邪でダウンしていますよ」

冬になればこんな会話があちこちで繰り広げられているものですね。ここからどんなふうに話を広げればいいのでしょうか。

コツはやはり「風邪で私はこんな人」「あなたは風邪でどんな人？」という会話に

することです。

私の話をする

「私は風邪をひきやすくて、すぐにうつされてしまうんです」
「それはいけませんね。じゃ、寒い時期は困りますね」

「あなたは？」と聞く

「そうなんですよ。**○○さんは風邪のウィルスには強い人ですか？**」

「○○に強いか弱いか」こんな切り口をひとつ持っていればさまざまに応用できるはずです。**アレンジ例については121ページの「お手本のツボ」をご覧ください。**

人間どちらかの部類に入るでしょうから、誰でもこの話に参加できます。

まず、「私は風邪をひかない（あるいは、風邪をひく）」」と自分をオープンにします。

そして同じことを相手に聞きます。すると互いの体験談、つまりエピソードが出てきて話は盛り上がっていきます。

ついでに互いの人柄も表現できて、親しくなること間違いなし。続きをどうぞ。

「あなたは？」と聞く

「私は風邪をほとんどひかないんです。会社で隣の席の人がひどい風邪をひいていても、私にはうつりませんでしたから」

「うらやましい。**何か秘訣でもあるのですか？**」

↓さらに深掘り

「いいえ、何もしなくても風邪はひきません」

さあ、こうして互いの違いが発見できたら、お互いに相手をどう見ているのか披露し合いましょう。

また、自分の立場を相手はどう思っているのだろうか？　そんな疑問がわいたら、

「あなたは？」と聞く

「**風邪をひかない人って、ひきやすい人のことをどう思っているのですか？**」

こんなふうに即座に質問です。これがまた意外な答えが返ってきて、楽しい話になるんです。

では、会話の一例をご紹介しましょう。

「そうですねー。遊びすぎ？　体調管理が悪い？　そんなふうに思ってしまいますね」

「それはないですよ。早く家に帰って手洗いとうがいをして、温かいものを食べるようにしてますよ。それに咳をしている人がいたら、そこから10メートルは離れるようにしていますけど、風邪をひくんですよ」↓ユーモラスに

相手が率直に気持ちを話してくれたら、心をオープンにしてくれたサインです。こんなときは、ちょっぴり大げさに答えても、笑ってもらえるはず。相手もノリよく本音で答えてくれるでしょう。こんなふうに……。

「そうなんですか！　てっきり、たるんでいるから風邪をひくんだと思っていました」

「それは誤解です」

「じゃあ、風邪をよくひく人は、風邪をひかない人のことをどう見ているのですか？」

「それはね……バカは風邪をひかない……」

「そんな！」

もちろん、この通りに会話ができるとは限りませんが、たいていの人が一家言持っているテーマですから、ひるむことはありません。

寒くなってきたら、このお手本でその場を温めてみましょう。

このほかにも、

「お酒が飲める人・下戸《げこ》の人」

「ずっと独身の人・バツ１以上の人」

「よく怒る人・よく怒られる人」

など、テーマは何でもOK。

立場の違う人同士の話は、いろんな話が飛び出してきて面白い

「人見知り」ネタは盛り上がる

「春は知らない人との接触が増えて困ります」

寒い冬も過ぎ、待ち望んだ春の到来です。街に目をやると、どんな光景が飛び込んでくるでしょうか。こんなふうにイメージをふくらませながら、春の挨拶をしてみましょう。ではお手本です。

「春ですね」
「急に暖かくなりましたね」
「街を歩くと、新入生や新入社員の若い人をいっぱい見かけますよ」
「そうですね」

次はいよいよ「私の話」に移ります。春にぴったりな話題があります。それは、「人見知り」です。では続きをどうぞ。

私の話をする

「うちにも新入社員や異動で来た人とか、**知らない人が増えて困ります**」↓「嫌い」を話題に

「どうしてですか?」

私の話をする

「**人見知りなんで、うちとけるのに時間がかかるんですよ**」↓「なぜ嫌いか」を言う

「そうなんですか! そうは見えませんね」

まずはこうして自己開示をしてみましょう。自分のコンプレックスを素直に語れるようになったら、会話力がアップします。

「あなたは?」と聞く

「**○○さんは、職場に新しく入って来た人に自分から声をかけるほうですか?**」

「そうですね。私はけっこう声をかけるほうだと思います」

自己開示をしたら、すかさず同じテーマで質問です。先に自分をオープンにしているので、相手も話しやすくなっていますよ。

「あなたは？」と聞く　「あなたは？」と聞く　私の話をする

「うらやましいですね。どうやって話しかけるんですか？」

「××さんですね！　よろしく、って感じで話しかけますね」

「うまいなー。それでうちとけられますか？」　↓さらに深掘り

「そうですね。思い切って声をかけてみると、相手もけっこう喜んでくれますよ」

「私がそれをしたら、ぎこちなくてかえって怪しまれるでしょうね」　↓気持ちをオープンに

「そんなことはないでしょう」

さて、話すことがなくなったら次の自己開示をします。

「コンプレックス」の話題は面白いので白熱する！

たとえば……

人見知りで、うちとけるまでに半年かかります
引っ込み思案で、好きな人にも近寄れない
面倒くさがりで、部屋を１ヵ月は掃除しない
心配性で、旅行カバンに何でもかんでも詰め込んじゃう
飽きっぽくて、日記は買っただけで満足してしまう
優柔不断で、レストランのメニューを何往復も読んでしまう

私の話をする　私の話をする　私の話をする

昔の話をしてみる

「学生時代、アルバイト先に馴染むのにも、人より時間がかかりました」→「嫌い」を話題に

「そうだったんだ」

「ええ、半年はかかりますね。だから短期バイトだと、心おきなく話せる人ができなくて」

「それは心細い！」

「ええ、仲良くなれたと思ったら、もうバイト終了、なんてこともよくありました」

「ああ、他人事とは思えません」

自分がひとしきり話をしたら、同じテーマで相手に質問しましょう。

「あなたは？」と聞く

「**○○さんの学生時代は、そんなことはなかったですか？**」

「ええ、まあ、似たような経験はしてますよ。でも、社会人になってから鈍感になったのか、どこか開き直るようになりました」

「へー、いいなー」

いかがでしたか。会話のコツ、流れのようなものがつかめてきたでしょうか。

もしあなたが人見知りなら、自分自身の体験談を使ってお話をしてみましょう。日本人はほとんどが人見知りですから、きっと共感して聞いてくれると思いますよ。

人見知りの話題は、実は話がはずむいいテーマ。人見知りの人は、自分が「戸惑う瞬間」を思い出してみよう

祝日がない月は、この話題で憂さ晴らしを

「祝日がないから、つらいですね」

六月は祝日がなくてつらいのなら、それはぜひ話題にしなくてはなりません。

「祝日が待ち遠しい！」と訴える

私の話をする

「**六月は祝日がないから、つらいですね**」↓「嫌い」を話題に

「そうか、六月は祝日がないんだ」

私の話をする

「そうなんですよ。祝日なしで一ヵ月働けなんて、ひどい話ですよね」↓「なぜ嫌いなのか」を言う

私の話をする

「本当ですね。あまりの忙しさに、そんな大事なことに気づかないでいました」

「私は土日にゆっくり休むと水曜日ぐらいまでは頑張れるんですが、木曜になるともうきついですね」↓ユーモラスに

「ああ、わかります」

一週間でどのあたりが苦しいか。会社で働いている人ならば、必ず誰もが感じるいい話題ですね。自分はふだん何曜日あたりで疲労を感じるのか、しっかり見つけておかねばなりません。

ここで「給料をもらっているのだから文句を言わないで働くべき」とか、「仕事の内容によって疲れる曜日はさまざま」などと常識的な言葉を吐く人に会話の面白味はありません。

月曜は休日疲れで…
火曜は次の休みまで長く…
水曜はまだ半分しか…
木曜は仕事疲れが…
金曜は翌日の休みのことで仕事が手につきません
やめたら?

平均すると自分はどのあたりが苦しいだろうかと、だ

いたいでいいので、お話しできる大人になってください。たとえば、

「○○さんは何曜日あたりから苦しいですか?」

「**私は月曜日が一番しんどくて、火曜、水曜と調子が出なくて、木曜、金曜は這うようにして会社に行きます**」

こんなオープンな人となら、すぐに友達になりたいですね。この言い方、お手本としてそのまま使ってみましょう。愛されること間違いなし。

私の話をする　私の話をする

水曜日も休みたい!

「私は、土日の他に水曜日も休みだったらと、いつも思います」↓ユーモラスに

「理想ですね」

「すると、月、火と頑張って水曜に休んで、木、金とまた頑張れるでしょう」↓ふく

私の話をする

らませる

「それなら私も闘えそうです」

「それで給料が今と一緒なら、私はいつでもその会社に転職します」

たまには現実を離れてこんな夢を語り合ってもいいじゃないですか。楽しいですよ。ちなみに若い人は月曜日が一番しんどいらしいです。そして歳をとると、土日で休んでパワーをためて月曜から水曜まではなんとかなるものの、木、金は本当に歩道を這うようにして会社に向かう人が多いそうですよ。おじ様頑張れ！

あなたの一週間の「疲労度指数」はいつが高いですか。それを周りの方々と語り合ってみましょう。

月曜から金曜まで、あなたはどんなふうに働いている？　疲労のピークはどの曜日？　どうやってリカバリーしてる？

夏の定番、「心霊番組」ネタ

「怖い番組を見た後は○○できません」

真夏はテレビをつけると心霊番組を放送しています。怖がりの人にとっては、うかうかできないこの季節。油断しているときに番組宣伝で、突然のオバケのどアップに心臓が止まりそうになった経験を多くの方がおもちでしょう。こんな話題でも、人柄が出る話に発展させて会話をはずませ、ついでに仲良くなってしまうことができます。

怖い番組を見た後の「恐怖心」について告白！

「もう八月になりましたね。いやあ、暑い」

「たまりませんね。いつになったら涼しくなることやら」

私の話をする

「本当にそうですね。テレビをつけたら怖い番組ばかりですしね」→「嫌い」を話題に

「ああ、昨日もやってましたね」

私の話をする

「私は怖い番組を見たら、お風呂に入ってシャンプーするとき、目をつぶれないんですよ」→「なぜ嫌いなのか」を言う

「シャンプーのときですか！」

私の話をする

「ええ、目を開けたら目の前に幽霊の顔があったらどうしよう、なんて思うんです」

怖い番組を見たら多くの人がしばらくその恐怖に縛られるはずです。**人柄が出るのは、いったいどんな場面で恐怖の影響が出てくるのか、というところ。**

定番は「トイレ」でしょうか。「出張でホテルに泊まったとき」という人もいるでしょう。「夜道を歩くとき」「部屋で一人過ごしているとき」に、急に背後に何かを感じるっていう人もいるでしょう。それが自己開示。

そこにはエピソードがふんだんに詰まっていて、面白い話になること請け合い。こ

の話題をそのまま相手に質問してみましょう。

「あなたは？」と聞く

「一人になったときの怖さ」で共感！

「○○さんは、心霊番組を見たあとは大丈夫ですか？」

「大丈夫じゃないですよ。だから一人では絶対に見ないんですけど、たまに心霊好きの友達が家に遊びに来たときに見てしまうんですよね。そのときは大丈夫なんですけど、友達が帰ると私一人になるでしょう。そこからはもう鏡を見るのが怖くて」

「あ！　鏡は嫌ですよね」↓気持ちに寄り添う

「心霊番組ってだいたい鏡に幽霊が映るでしょう」

「ええ、出演者が鏡を見たら、もう危険サインですよね」↓気持ちに寄り添う

「出ますよね」

私の話をする

「もちろん、出ます。私はそこで目をつぶるので見たことはないですけども」
「私はどうせなら見なくちゃって思うのに、見たら後悔するんですよ」

私の話をする

「作りものだってわかっているんですけど、見たらやっぱり怖いですね」↓共感する

たくさんの人とこういう話をすると、ときどき意外なエピソードに出会えます。私の知り合いは、「怖いテレビは見たいけど見ると怖いので、テレビを予約画面にして見るんです」と教えてくれました。

よくわからないので説明をお願いすると、テレビを予約画面にすると番組表の左横にテレビ画面が小さく出るのだそうです。その小さい画面で見ると、幽霊の映像も小さくなって恐怖感も薄まるのだとか。

「そこまでして見たいのか！」と思わず突っ込んでしまいました。

ここからは「本当の幽霊って見たことありますか？」なんていう本当に怖いお話に突入です。もちろん耐えられる人だけ。そんな人にはなかなかお目にかかれませんが、

百人に一人ぐらいはいるみたいですよ。本物との遭遇者が。怖いですねー。

　そんな話が聞けたら、それはもうあなたのとっておきの話題になるでしょう。暑いひと夏の忘れられないお話になりますよ。

お手本のツボ

予期せぬときに出るオバケの〝どアップ〟！　こんなふうに「感情が激しく動いたとき」の話は臨場感あふれるエピソードが飛び出すもの。みんなの恐怖体験を聞かせてもらおう

猫がずっと社長のうしろを見てるんです!!
オバケ!?
ハトだな
じー

誰もが飛びつく「秋の話題」とは？

「手帳を買って、真っ先に見るのはどこですか？」

秋になると手帳コーナーが活気づいてきます。あなたは、いつ頃から来年の手帳が気になりはじめますか。ここでは「手帳」を話題に、こんなお話をするのはいかがですか。

手帳を買ったら、真っ先にどこを見る？　パート1

「今年も、もうあとちょっとなんですね」

「早いね。少し待ってほしいよね」

私の話をする

「**来年の手帳やカレンダーが、文房具売り場にもう並んでますよね**」

「ああ、私ももう来年の手帳を買いましたよ」

「私も買いました。私は来年の手帳を買って、まず誕生日が何曜日になるかをチェックしますね」

翌年の手帳を買って、真っ先にチェックするのはどこか。これがお手本ネタです。

多くの人が手帳を買うと無意識にすることといえば、翌年の気になる日程をチェックするはず。そこに人柄やその人の置かれている状況が色濃く反映されるはずです。

さあ、会話を進めてみましょう。

「あなたは？」と聞く

私の話をする

手帳を買ったら、真っ先にどこを見る？　パート2

「へー、誕生日が何曜日になるかで何か違いがあるんですか？」

「ええ、誰に祝ってもらおうかとか、その頃になると誕生日を二人きりで祝ってくれる人が現れているかも、なんて想像するのが楽しいんですよ」↓ユーモラスに

「へー、手帳ひとつでそんな楽しみ方があるなんて知りませんでした」

「**○○さんは、手帳を買って真っ先に見るのはどこですか？**」

「私はゴールデンウィークの日程ですね」

「あ、それも気になりますね」

「ゴールデンウィークに連休の谷間があると、けっこう嬉しいんですよ」

「へー、そうなんですか」↓相づちを打って次につなげる

「うちの会社はゴールデンウィーク中、連休の谷間に出勤すると手当が出るんです。一万円ですよ」

「へー、一万円！」↓盛り上げる
「その一万円は全部使っちゃうことにしているんです」
「それはなんとしても連休に谷間があってほしいですね」↓思い切り共感

さて、**あなたは翌年の手帳を買ったとき、無意識に目をやるのはどんな日ですか。そこにあなた自身が隠されています。**

・バレンタインデーが土日に当たると、義理チョコをもらわないので助かるという人
・正月三が日明けが月曜日だと、すっかり気落ちする人
・故郷のお祭をいち早くチェックする人
・妻の誕生日に赤丸をつけて「今年こそは忘れるもんか」と強く自分を戒める人

そこには必ず当人しか知りえないエピソードがあるのです。そんなお話を引き出せるあなたは、まさに聞き上手の極致。こんな会話ができる人なぞ、そうはいませんよ。

相手が一番注目するところに、「大事にしているもの」が隠れている

4章

「ぶっちゃけ話」をしてみよう
人柄がにじみ出て プッと笑えるネタ〝7連発〟

やっぱり欲しい！「雑談力」

困ったときに助けてもらえる

「職場は仕事をするところ。同僚と仲良くする必要などない」

こうした考えで、隣で働いている人とも最低限のコミュニケーションしかとらない人が急増しているそうです。あなたの職場はいかがですか。

雑談から生まれるものを甘く見てはいけません。そのひとつがひらめきです。

私たちは考えを言葉にすることで、自分の中に眠っているアイデアに気づくことができるのです。かく言う私も、仕事のアイデアが出てこないことがあります。ときに四時間かけても何ひとつ思いつかない、なんてことも……。

そんなときには全社員二名を集め、あれやこれやと話をはじめます。互いに話して

「それいいね！」とか「やったね」などと共感し合いながら進めると、アッという間に素晴らしいひらめきに出会えるのです。

ふだんから雑談を通じて信頼を築いておくと、どちらかが困った状況にあるとき、「私でよければ何か手伝いますよ」と救いの手を差し伸べることができるんですね。

欲を言えば、もう一歩進んで、「ぶっちゃけ話」を言い合える間柄になれれば、最高ですね。ここまでくれば、仕事でダメ出しをしても角が立ちませんし、少々の頼み事ならちゃんと聞いてくれるでしょう。ストレスがたまってきたらグチを言い合えるので、嫌な気分からもサッと解放されます。

仕事に人間関係を持ち込まない、なんていう考えは全くもってナンセンス！　人が人とつながって協力し合えば、仕事がはかどり、心も充足するのです。

さあ、職場の人たちと無駄とも思える雑談を繰り広げようではありませんか。

ふだんから、雑談できる人を増やそう！

2 人間味を感じさせる話題とは？

「仕事中にお腹がへったら、どうしていますか？」

雑談と言っても「〇〇さん、野球は好きですか？」と、自分の知っている話題に相手を引きずり込もうとするのは良い手立てとは言えません。相手から「いいえ」と言われたらおしまいになります。

まずは、そこに落ちている話題から雑談をはじめましょう。

たとえば「お腹がすく」「眠くなる」「トイレが近くなる」といった生理現象なら、全ての人間に共通の話題です。これなら誰でも話題を持っていますし、プライバシーにも引っかからないでしょうから、雑談のテーマとしてはもってこいです。

ふと仕事中に手が止まり横にいる人と目が合ったら、こんな話でもしてみましょう。

「人柄が出る」こんな場面は面白ネタがいっぱい

たとえば……

おつりが多いみたい！いくらまでなら黙ってる？
電車の席で、ちょっと詰めてもらえば座れそう。こんなときどうする？
お洒落なホテルでの食べ放題。どのぐらいおかわりしちゃう？
会議中にお腹がグーグー鳴る。こんなときどうする？
相手の自慢話がなかなか止まらない。こんなとき、どうする？

会話スタート

「ああ、お腹がへりましたね」

まずは、こう話しかけてみましょう。すると、相手もこんなふうに答えます。「あっ、もうこんな時間ですか」と。すかさず、「私の話」をしてみます。「夕方のこの時間になると、お腹がへるんですよ」と。

お腹がへるのは誰もが経験する生理現象。こう話しかけられたら、たいていの人は気を許して「私もです」などと返事をしてくれるはず。

「あなたは？」と聞く

「○○さんは、仕事中にお腹がへったときはどうしていますか？」

この問いかけ、誰でも答えやすい質問なんです。かりに、「缶コーヒーでも買って、飲むしかないですよ」と返事をされたら、あなたはなんて答えますか。

とっさに何も思い浮かばなかった方のために、こんな返答はいかがでしょう。

「あれ、引き出しの中に何か入れてないのですか」と。

すると、相手も「ああ、誰かがお土産をくれたときぐらいしかないですね」と応じてくれる。こんな当たり前の話から雑談ははじまります。お腹がすいたときの対処法は千差万別。それがまた楽しい話になるのです。

実は、私の教室でする四方山話の中で、学生の方々が一番びっくりするのが、大半の会社が仕事中にお菓子を食べてもいいという事実。みなさん、社会に出ることを不安に思っているみたいですが、この話題で社会人という立場に少し安心するみたいです。

さあ、ココから、お相手の人柄に迫っていきましょう。

私の話をする

「私はお腹がすくと仕事の能率が下がっちゃうんですよ。エネルギーが切れると、もう全然やる気が出てきません」

「まあ、それは誰でもあるでしょうね」

「あなたは？」と聞く

「**○○さんはお腹がすくと、どうなるタイプですか？**」

「私もお腹がすくと仕事の能率は落ちるのですが、それ以上に機嫌が悪くなるのが欠点ですね」

「わ！　じゃあ、話しかけるときは気をつけます」

お腹がへるという当たり前のことが話題になります。お話って特別なことではなく、ありきたりな日常を言葉にすることだと伝わったでしょうか。

雑談からは何も生まれないように見えますが、言葉を交わし、笑い合えば、お互いの距離は確実に近づいていきます。もちろん仕事以外のときも、話が盛り上がるテーマになりますから、「いいネタだ」と感じたらぜひ使ってみましょう。

「お腹がすいたとき、どうやってしのいでいる？」は、誰もが経験していること。気軽に聞いてみよう

3 ひそかに会得した「裏ワザ」を聞く

「通勤電車で座れますか？」

都会に住む人にとって満員電車での通勤ほどストレスのかかるものはありません。**みながガマンの限界ギリギリまで耐えています。そこに複雑な思いがあり、せめぎ合いがあり、喜びが隠されているのです。**もちろん話題がギッシリ。でも、そんなことをいちいち言葉にする相手も時間もない現代人。

だから、そこを話題にしてもらえたら、詰まっていたものが堰《せき》を切ったようにあふれ出すのです。

電車の席取り、どうしてますか？

「あなたは?」と聞く

「あなたは?」と聞く

私の話をする

私の話をする

「○○さんって、通勤時間はどれくらいですか?」

「えっ、えーと××時間ぐらいかな」

「××時間ですか! 長いですね。**座れますか?**」↓詳しく聞く

「まさか! ズーッと立ちっぱなしですよ」

「私はね、通勤電車で座る〝裏ワザ〟をいくつか持ってるんですよ」

「そんなのあるの?」

「ええ、私が乗る電車にいつも座っているおばさんがいるんですけど、その人は三駅先で降りるのがわかっているので、うまくその人の前に立てたら座れるんです」

「へー、そんな人がいるの。じゃあ毎日座れるの?」

「ところが私と同じ駅から乗るおやじも、そのことを知っていて、おばさんの前に立とうとするんですよ」

「朝からバトルがあるわけだ」

私の話をする

「そうなんですよ。おばさんの前にすでに誰かいる場合もありますから、私がそのおばさんの前を運よくとれるのは、週一回ぐらいですかね」↓ユーモラスに

「とれたら嬉しいね」

「あなたは？」と聞く

「嬉しいですねー。一日いい気分ですよ。**○○さんには、そういうのないんですか？**」

「前は運動も兼ねて、出勤前に二駅歩いて始発駅まで行っていたんだけど、けっこう疲れてね。それなら通勤電車で一時間立っているほうがマシな気がして、それ以来、座ったことないね」

通勤で座るための努力。これをいろいろな人たちにインタビューすると、けっこういい話題の持ち主に巡りあえるんですよ。

「座っている人の二人分の前に足を広げて立つ。どっちかが立ったら座れるから」

まるで麻雀の両面待ちですね。

「窓ガラスを注意深く見ていると、背後の人が立つ瞬間も見える。間髪を入れず振り向いて座る」

背中に目があるとはこのこと。キミは武芸者になるべきだ。

「襟につけた社章をチェック。あの会社なら次の駅で降りるはず」

学生をチェックするのはよく聞く話ですが、社章をチェックとは。よほどの観察力と見えます。刑事やスパイに向いているかも。

さあ、あなたはどんな裏ワザを持っていますか。そしてどんな秘密のワザと出会えるか。たかが雑談と軽く見てはいけませんよ。そこには、その人の人

生が隠されているのかもしれません。

ストレスいっぱいの通勤電車の中は、話題の宝庫。座れるかどうかを確かめたら、座るためにしている「努力」や「工夫」を話してみては

4 「許せないこと」を聞いてみる

「許せないマナー違反は何？」

せっかく電車の話になったので、「許せないマナー違反」のお話に発展させてみましょう。あれだけ多くの人々が一斉に狭い車両に乗り込むのです。マナーの悪い人だっているのが当たり前。

人によって許せる違反、許せない違反が違うのが不思議。きっとそこには、人それぞれが持っている価値観や経験の違いが色濃く反映されているはず。そこをお互いにオープンにできたら、きっと楽しい会話になりますよ。

マナー違反について話題にする

私の話をする

「電車でマナー悪い人、嫌ですよね。私はヘッドホンから大きな音を漏らしている人が許せません」→「嫌い」を話題に

「ああ、あれも嫌がる人多いですね。私は混んでいるのに足を大きく広げて座っているおっさんが嫌ですね」

私の話をする

「あ、それも腹が立ちますね。おじさんになると、どうしてマナーが悪くなるんでしょうね。最近は若い人より年配の人のマナーが悪いのが気になります」→「嫌い」について深掘りする

「本当ですね。年を重ねるとマナーが良くなると思っていましたが、違ったみたいですね」

電車の中のマナー違反。本当にさまざまですね。並んでいる列に割り込んでくる人、荷物を座席に置いている人、お化粧を「土台作り」から「総仕上げ」まで見事に見せてくれる人、狭い空間に無理やり座ろうとお尻をねじこんでくる人などなど。いっぱいいるもんですね。

あなた独自の視点から目新しいマナー違反を見つけられたら、それは多くの人に拍手喝采で話を聞いてもらえるでしょう。

たとえばラッシュの時間帯に吊革を二つ持っている人。「ひとつ寄こせよ」って思いながら、うらめしそうに吊革を見ている人がいるそうですよ。

自分が持っている吊革の上の方を握ってくる人。これは嫌ですね。でも「これは俺のだよ！」って言うのもセコいし。電車の中はみな押し黙ってはいますが、こうしてミクロのバトルが常に繰り広げられているのです。あなた独自の許せないマナー違反を見つけてみましょう。とてもいい話題になりますよ。

さて、ある程度お話が進んだら、「そこであなたはどうするの？」という切り口で話を進めてみましょう。相手の人柄がわかってきますよ。

「あなたは？」と聞く

マナー違反者を見たら、どうしますか？

「○○さんは、マナーの悪い人にひとこと言えるタイプですか？」

「あなたは？」と聞く

「目に余ったら言いますね」

「へー、勇気がありますね。**本当に言ったことはあるのですか？**」↓詳しく聞く

「ええ、割り込んできた人に、割り込みだよって言いました」

「そうしたら？」↓軽く相づち

「黙って割り込んで乗っていきましたね」

「へー、ふてえ野郎ですね」↓思い切り共感する

ほとんどの人はマナー違反に見て見ぬふりをしているでしょう。でもたまにこんな武勇伝を持つ人がいることも確かです。意外な人がけっこう強気な態度をとっていることだってあるのですよ。ちょっとした会話で相手の意外な一面に出会えるかもしれません。

マナーの悪い人に対しては、誰でも言いたいことがあるはず。この「許せない部分」は人によって違うのが楽しいところ

5 「やる気が出る」時間帯でわかることとは？

「エンジンがかかってくるのは何時頃？」

誰でも一日のうちで調子の出ない時間帯もあれば、絶好調っていう時間帯があります。その時間帯は人それぞれで、そこにお話をするテーマがけっこう詰まっています。

私の話をする

「やる気」は、なかなか出ないもの

「**ここだけの話ですけど、私は朝、なかなかエンジンかからなくて仕事がはかどらないんですよ**」

「それは誰でもそうでしょう」

「あなたは？」と聞く

私の話をする

「○○さんはエンジンかかってくるの、何時頃ですか？」

「私は10時頃ですね」

「10時!!　早い。始業から1時間じゃないですか」

↓詳しく聞く

「早いですか？」

「ええ、私はお昼休みをまたがないとエンジンかからないですね」

↓気持ちをオープンに

「そんなに！」

こんな話はあらためて質問されないと、なかなかできないものです。ほとんどの人は新鮮な気持ちでしゃべってくれるでしょう。話をして初めて、いろいろな人々の存在に気づくのです。

さて、エンジンがかからないとき、人はどんな過ごし方をしているのでしょうか。

やる気が出ないときはどうしてる？

私の話をする

「私はエンジンかかるまで、やる気のあるフリをするのがつらくて」

「やる気のあるフリって、できるんですか？」

私の話をする

「**ええ、もちろん。上司の前だけですけど。**パソコン画面をにらみつけたり、キーを音を立てて打ったりすると、なんとなくやる気あるように見えるので」　↓気持ちをオープンに

「へー」

「あなたは？」と聞く

「**〇〇さんは、エンジンかからないときは、どうしてるんですか？**」

「私は朝が弱いので、朝イチはメールのチェックとか伝票の整理をして、調子が出るのを待ちますね。それでも力が入らないときは、引き出しにあるいらなそうな物を一気に捨てると、スッキリしてやる気が出てくるんですよ」

私の話をする

「へー、そんな方法があるんですね。でも私だったら毎日やる気がないから、引き

出しの物を毎日捨てることになって、引き出しがすっからかんになりそうです」↓気持ちをオープンに

このような話は上司の耳に入らないところでするのが鉄則です。

とくに優秀な人とこの話をすると、参考になることがいっぱい出てきますよ。誰でもやる気が出ないときはあるものです。彼、彼女たちはそれを最小限のロスで乗り切って、いい仕事をしているはず。

またダメダメな人にも話を聞いてみましょう。それはそれで楽しい話になることは間違いありません。あなたの話題の宝箱が宝石のようないいお話でいっぱいになるでしょう。

同僚にエンジンがかかる時間帯を聞いてみよう。さらに、エンジンのかけ方まで話題にできたら、相当な会話力が身につくこと間違いなし！

うちとけてきたら、プライベートのお話を！

「ひとり暮らしって、生活がゆるくなりませんか？」

仕事の話を聞かせてもらえたら、いよいよ相手のプライベート空間に立ち入らせてもらいましょう。

でもプライベートなお話を聞くとなると多くの人がためらいを感じるはずです。

人間同士の距離が、現代ではずいぶん遠のいた観があります。たとえて言えば、昭和の時代の「他人との距離」が1メートルとすると、現代のそれは30メートルぐらいまで離れてしまった気がするのです。

だから、人間関係が苦手な人ほど、相手のプライベートな世界に足を踏み入れのを恐れるのも仕方のないことです。でも、互いのプライベートな部分を多少なりとも知り合うことができなければ親しみはわきませんし、会話も全くはずまないでしょう。

そこで相手が嫌がることなく、つい気を許してしまう話題をお手本として紹介しましょう。まずは独身の人向けの話題です。

ひとり暮らしの内情について話す

「○○さんはひとり暮らしでしたね」

「はい、そうです」

「私もひとり暮らしなので、平日の朝、ギリギリまで寝てしまいます」（私の話をする）

「えっ！　××さんもですか。私もです」

「目覚ましも、三、四回ぐらいは鳴らないと、起きる気がしませんね」（私の話をする）

↓気持ちをオープンに

「わかります」

「**ひとり暮らしだと自分を叱ってくれる人がいないから、暮らしがだんだんゆるん**（「あなたは？」と聞く）

でこないですか？」

「そりゃ、ゆるみっぱなしですけど」

「やっぱり」↓軽めの相づち

「日曜なんか朝からダラダラして、やっと起きたと思ったら夕方ですよ。なんか一日損した気分になりますよ」

「ハハッ、同感です」↓思い切り共感する

こんな話ならたいていの人がしてくれるはずです。

まずは自分のプライベートな話を短く伝えて、それから相手に「暮らしがゆるんでこない？」と聞いてみます。この流れはもうマスターできましたか。

あなたが先にオープンに話すから、相手も話しやすくなるのです。

では続けてみましょう。

「あなたは？」と聞く

「トイレのドアなんか閉めなくていいですよね」

「閉めませんね。開けていたほうがテレビの音も聞こえますし、なんといっても開放感がありますよね」
「楽そうだなー」→楽しく共感
「ええ、楽すぎて、もう結婚できないかもしれませんね」
「そりゃ今のままで結婚したら、叱られっぱなしでしょう」→適度に突っ込む

ひとり暮らしはだいたいゆるんだ暮らしになりがちです。どのあたりがゆるむのか、それは人それぞれ。そこをぜひ聞かせてもらいましょう。

一日、裸で過ごす人もいます。テレビとパソコンを見ながらゲームに興じる「節電意識皆無人」もいます。カップラーメンを食べつつポテトチップスをつまみ、コーラとオレンジジュースを飲む「血液ドロドロ人」もいます。

「節電意識皆無人」と「血液ドロドロ人」はたいてい同じ人間である場合が多いので、もう救いようがありません。早く誰か結婚して鎖で縛ってあげてください。
相手が女性なら、こんな問いかけは話に花が咲くこと間違いなしです。

「あなたは？」と聞く

宅配便が来たらどうする？

「**ひとりでくつろいでいるときに、宅配便が来たら困りますよね。**私は居留守を使って出ないこともありますが、**○○さんはどうしてますか？**」

「私は出ますよ」

「化粧してなくても？」↓さらに突っ込む

「ええ、前髪を思いっきりおろして顔を隠したり、マスクして咳き込むふりをして、風邪を装って玄関開けたりしてます」

「苦労してるんですね」

いかがですか。会話なんて自分のごくありきたりな日常をオープンにするだけということが伝わったでしょうか。しかも、**きっちりしている話よりも、だらしないほうが相手は喜んでくれるのです。**

まずはこんなところから相手のプライベートな部分を聞かせてもらいましょう。すぐに仲良くなれますよ。

ひとり暮らしで気がゆるんでいる所や、だらしのない所があれば、もうそれは立派な話題のひとつに。ひとり暮らし同士なら、大いに盛り上がるはず

7 親ならノッてくる「子供の話」

「子供には甘い？　厳しい？」

子供の話なら、ほとんどの人が頬をゆるませて話をしてくれるはずです。

でも、「お子さんの成績はいかがですか？」とか「どこの学校に通っていらっしゃるのですか？」という質問は、お子さんの出来不出来に関わる話なので相手も口が重くなるかもしれません。そこでこんなアプローチを覚えましょう。

子どもには甘いほう？　それとも厳しいほう？

「○○さんには、お子さんがいらっしゃるのでしたね」

「ええ、いますよ」

あなたの話を聞く

「何歳ぐらいのお子さんがいらっしゃるのですか？」

「上が九歳で、下が四歳です」

「ああ、じゃあまだ可愛いですね」

「いやあ、もうよく口答えしますよ。家内に似て」

「あなたは？」と聞く

「それは困りますね。**○○さんはお子さんには甘いほうですか、それとも厳しいほうですか？**」

「そりゃ甘いですよ。叱ったことなんて、ないんじゃないかな」

「あなたは？」と聞く

「じゃ、いけないことをしたときなんかは、どうしているんですか？」　↓さらに尋ねる

「ダメだよー、なんて甘いことしか言えないですね」

「それじゃ言うことをきかないでしょう」　↓深掘りする

「えー、もう全然ききませんよ。なめられっぱなしですね」

あなたが独身でも同じアプローチでお話ししてみましょう。もしあなたにお子さんがいるのなら、まずは「私の話（子供に甘いか厳しいか）」をオープンにしてから相手に質問してください。

相手が女性なら「ご主人はお子さんに甘いですか、それとも厳しいですか？」という聞き方がいいでしょう。最近は母親が子供に厳しく、父親が甘いというパターンが平均的な家庭の姿です。ではここからは夫婦の話に転換します。

あなたの話を聞く

奥様はどんな方ですか？

「でも、それじゃあ奥様はお困りでしょう」

「いやあ、いつもあなたが甘いから私が怒らなきゃいけないでしょ！　って責められてますよ」

「奥様は怖いんですね」　↓やや深掘りする

「ええ、もう鬼のようですね」

「鬼ですか！」　↓オウム返しが無難

「そばにいるこっちの方がドギマギしますよ。やはり男親がちゃんと叱らないといけないのかな、なんて思いますけどね。もう遅いですよね、なめられてますから」

子供の話から夫婦関係についての話まで聞かせてもらえたら大成功。今まで知らなかった相手の生活の一部を話してもらえたら、親しみがわいてきます。

まして職場では恐ろしい上司が子供には甘い、なんていう話になったらイメージが変わりますね。上司もそんな話をポロリとしてしまったら、あなたに対する気持ちも温かいものに変わるかもしれません。ぜひ試してみてください。

子供のいる人なら話したくてウズウズする話題。相手の意外な一面がわかって面白いはず♪

8 生活の「困った!」を聞く

「リモコン権はどなたに?」

締めくくりにほとんどの人が膝を乗り出して話にノッてくる、秘密の大ネタを披露しましょう。これで相手の家庭生活の暗部があぶり出されてしまいます。

あなたの話を聞く

テレビ番組選びの主導権は誰?

「○○さんのおうちでは、テレビのリモコン権って誰にありますか?」

「ええっ! そりゃ家内でしょう」

あなたの話を聞く

「じゃあ、奥さんの見たい番組しか見られないんですか！」↓詳しく聞く

「ええ、見たい番組があるときは、携帯のワンセグで目を細くして見てますよ。わびしいもんですね、男なんて」

あなたの話を聞く

「いつからリモコン権が奥さんに？」↓さらに深掘り

「たしか結婚してすぐかな」

「結婚してすぐに、甘いことを言ってはいけないんですね」

「ええ、女というのは男がわからないようにしながら領地を広げていくんですよ」

「そうなんですか。女性って怖いモノですね」↓共感してOK（「やっぱり、女性って強いですね」などもあり）

さあ、ここからリモコン権の話に火がつく展開に。テレビのリモコン権は手放しても、あのリモコン権だけは欲しいという旦那様が世にいっぱいいるものなんです。

設定温度の〝激しい攻防〟

あなたの話を聞く

「**じゃあ、クーラーのリモコン権はどうなってますか？**」

「もちろん家内ですよ。でもあれだけはときどき欲しいですね」

あなたの話を聞く

「暑いのはたまりませんね。**室温は何度ぐらいに設定しているんですか？**」↓詳しく聞く

「ああ、うちは28℃ぐらいですね。私としては26℃ぐらいが嬉しいんですけどね」

あなたの話を聞く

「たとえば、奥さんがトイレに行ったすきに、そっと1℃下げてみる、なんてどうですか？」

「それはもう試したよ。なんと、部屋に戻って来たとたんに『下げたわね』って恐ろしい顔で言われてね」

私の話をする

「なんで気づくんでしょうね。わたしの会社でも、女性陣が設定温度を決めています。

私の話をする

以前、こっそり温度を2℃下げてみたことがあるんです」

「うわっ、すごい。どうなりましたか?」

私の話をする

「もちろん、すぐにバレました。すごく怒って、なんと29℃に上げられてしまいました。もう汗だくですよ。**それ以来、怖くてリモコンには触れません**」↓気持ちをオープンに

「リモコン権は永遠に返ってきませんね」

私の話をする

「ええ、私は幸い独身ですから、家では18℃ぐらいにして布団をかぶって寝ているのですが」

「18℃で布団をかぶると気持ちいいんですよね」

「はい、最高の贅沢です」↓ユーモラスに締める

ここに出てきたエピソードは全て教室で聞かせていただいた実話です。面白くも悲しい物語の数々。あなたも生の声をぜひ聞いてみましょう。誰もが生きている、闘っているという実感を持つでしょう。

この話は誰にとっても興味津々の話題らしくて、私の生徒が職場で先輩に使ってみたら、すぐに周りの人々が続々と参戦。

「うちはこうだ」「我が家は悲惨だ」「うちの夫には絶対にリモコンを渡さない」「何のために結婚したのか」「離婚したい」「それくらいガマンできずに妻を愛していると言えるのか」「その言葉、そのままそっくりそっちに返してやる」と喧々諤々《けんけんがくがく》。

生徒は「自分はもう黙って笑っているしかなかった」と報告してくださいました。

この話題には、まだ言葉にして表現していない感情がたっぷり詰まっているようです。だから、みんなひとつの問いかけでワーッとしゃべり出すのでしょう。

あなたのとっておきのお手本として、「この時！」というタイミングで使ってみてください。

テレビ、そしてクーラーのリモコン権の話は、夫婦の力関係を如実に示す格好の話題。楽しい話がたくさん聞けるはず

「共感して、受けとめる」を忘れずに

コレをしないとお手本が無駄になる

この章の締めくくりに、会話が苦手な人がやってしまう失敗パターンをお伝えしておきます。こういうお手本が手に入ると、「そういう言葉を相手に投げかけるだけでいいのか」と誤解してしまう方がたまにいらっしゃいます。たとえばこんなふうに。

「おうちでテレビのリモコン権は誰にありますか?」
「えー、家内ですね」
「結婚してどのくらいで奥さんに奪われたのですか?」(無表情で)
「結婚してすぐですけど。どうしてそんなこと聞くんですか?」

「ではクーラーのリモコン権はどっちにありますか?」(無表情で)
「どっちでもいいでしょう」
「クーラーの温度設定は何度ですか?」(無表情で)
「これは何の話ですか!」

少し極端に書きましたが、これに近い会話になってしまうようです。これだと相手は尋問を受けているような気がして、苦痛しか感じません。

会話は気持ちのキャッチボールです。ただ言葉を介して、情報だけをやりとりしているのではありません。

その根底で気持ちをやりとりして、**「あなたに興味がありますよ」「親しみを感じていますよ」「お話をしたいですよ」と伝わるから、相手も話す気分になって会話がはずむのです。**

ですから、話題を投げかけて相手の話が出てきたら、必ず共感をして相手の気持ちを受けとめてください。

「おうちでテレビのリモコン権は誰にありますか？」

「えー、家内ですね」

と言われたら、「やっぱり奥さんですか！」と驚きをもって受けとめます。

そしてあなたも「結婚したら、私もそうなるのかもしれませんね」と「私の話」を挟み込みます。これで相手は話す気持ちがわいてくるのです。

言葉の底にある感情を送ったり感じ取ったりしながら会話は進みます。どうぞゆっくりと話を進めてみてください。きっと話がはずむ瞬間を体験できますから。

お相手の話に共感しつつ、「私の話」を挟み込めたとき、相手の話す気分も一気に高まる

5章

もう「出会い」をムダにしない！
ちゃんと「親しくなれる」話し方

「旅行話」なら警戒されない

「旅行の前の晩は、すぐに眠れないほうなんですよ」

お見合いやパーティなどの出会いの場所で、お話のとっかかりとして一番よく使われるのが旅行の話題ではないでしょうか。旅行なら誰でも行きますし、プライバシーも気にしなくていいので気軽に話題にされるようです。

でも旅行から楽しい話題に発展させることはなかなかむずかしい。たいていはこうなるようです。

「こんにちは。どんな趣味をお持ちなんですか？」

「そうですね。旅行なんて好きですね」

「あ、そうですか。最近、旅行をされましたか？」

「ええ、ゴールデンウィークにオーストラリアに行ってきました」

「へー、どうでした」

会話が苦手な方が陥るまずいパターンですね。「どこに行ったことがある」「どこに泊まった」「何を食べた」ときて、「次はどこに行ってみたいですか?」となってオシマイ……となるケースが多いのではありませんか。これを「情報会話」と言います。

それでは**「あなたがどんな人なのか」がわからないし、「私はこんな人」と伝えることができません。だから話が盛り上がらないし、親しみがわかないのです。**

会話のスタートは「どこに行ったことがある」「どんな所に泊まって何を食べた」というものでいいと思います。問題はそこから。話題を旅行そのものから離れて、旅行に際しての相手の気持ちや振る舞いについて話を進めてみます。

私の話をする

ワクワクして寝つけない気持ちを話す

「**私は旅行の前の晩って、すぐに眠れないほうなんですよ。**子供の頃、遠足の前の

私の話をする

晩に眠れないってよく言いますけど、そこから全然進歩してないんです」

「私もそうですよ。早くから布団に入るんですけど、なかなか寝つけないですよね」

「そうですよね。だから旅行に行く日の朝は、けっこうフラフラなんですよ」**↓気持ちをオープンに**

「ボーッとしてますよね」

いかがですか。「気持ち」に焦点を当てると、人は途端に話し出します。自分の気持ちに目を向けると、イメージがグンとふくらむからです。

今まで話がしぼんでしまったのは、情報だけに目を向けていたのが原因です。

次項から、話が次々に広がっていくお手本をお伝えしていきましょう。

「旅行の前夜はなかなか眠れない」と気持ちに焦点を当ててみると、誰もが「そういえば……」と自分の経験を思い出す

初対面の人ともはずむ！　話し方のコツとは？

✕の例
情報のやりとりで終わっている

「最近、旅行をされましたか？」

「先日、屋久島に行ってきました」

「へー、どうでした？」

「よかったです」

「いいな、私もいつか行ってみたいです」

○の例
気持ちに焦点を当てている

「最近、旅行をされましたか？」

「先日、屋久島に行ってきました」

「えー、うらやましい。別世界でしょうね」

「ええ！　樹齢何千年もの屋久杉を見ていたら、
嫌なことがちっぽけに思えてきました。
最高のひとときでした〜」

2 心配の仕方の「違い」に爆笑！

「旅行カバンの大きさは？」

旅支度には人柄がありありと出るものです。たとえば「旅行カバンの大きさ」などはその最たるものでしょう。そこを話題にすれば話が盛り上がること間違いなしですよ。

私の話をする

旅行カバンがパンパンにふくれてしまう

「私は旅行カバンが人より二倍くらい大きくなって、嫌になるんですよ」→「嫌い」を話題に

「へー、そうなんですか」

「あなたは？」と聞く

「大人数で旅行に行くときは、友達によく『何が入っているんだ』とからかわれます。**○○さんは旅行カバンの大きさはいかがですか？**」

「私は逆にちっちゃくて、『その中に着替えは入っているの』って不思議そうに聞かれますよ」

「あなたは？」と聞く

「ああ、カバンのちっちゃい人がうらやましいです。**足りないものは本当にないのですか？**」↓詳しく聞く

「ええ、大丈夫ですね。無ければ現地で買えばいいし」

私の話をする

「それができないんですよね。家にあるものを旅先で買うなんてもったいないでしょう」↓気持ちをオープンに

「それで何でもカバンに詰めちゃうんですね。持って行って使わなかったものなどあるんですか？」

私の話をする

「ええ、けっこうあります。夕食のときに着ようと思って入れた服とか、化粧水を

「大きなビンごと入れて友達に笑われたりとか、みんなで楽しむためにゲームを持って行ったけど、全然使わなかったとか」↓やや大げさに
「ゲームまで入れるんですか！　それはカバンがいくつあっても足りないはずですね」

いかがでしょうか。心配性な人ほどカバンが大きくなり、面倒くさがり屋はカバンが小さくなるのではありませんか。こんな話で相手の人柄までほんのり伝わってきますすね。

そして、「持って行っていらなかったもの」「持っていなくて困ったもの」というテーマで話を進めれば、びっくりするくらい楽しい話になりますよ。

おまけに相手から驚くような話が聞けて、それがまたあなたの話題になるのです。さあ、ココからこんな話に発展させることができますよ。

社長、
海外ですので
ハトはおいていって
ください
えー

いつから準備しますか？

私の話をする

「私は旅行となるとすごくワクワクして、出発の一週間前からカバンに荷物を詰めはじめるんですよ」

「エーッ！　一週間も前からですか」

「あなたは？」と聞く

「そうなんです。必要なものをメモに書いて、ひとつずつ入れていくんです。**〇〇さんは何日ぐらい前から準備をはじめるんですか？**」

「出発する日の朝ですよ。化粧品とか歯ブラシとか毎日使うものは、当日、カバンに入れるしかないでしょう」

私の話をする

「ええ、だからその日の朝は、カバンから化粧品とか歯ブラシを出して使うんですよ」

↓ユーモラスに

「なんか無駄な感じがしますけど」

私の話をする

「でも、当日の朝に準備をするなんて、忘れ物をしそうで怖くて」↓気持ちをオープンに

「忘れたら現地で買えばいいから」

「またそれですか」

ぜひこの通りに使ってみましょう。もちろん相手によって変化があるのは当たり前。
それも楽しんでくださいね。

旅行の何日前から準備をはじめるか——。

ここにはその人の人間性や性格が如実に出ますね。だから楽しい。だから面白い。

今度から旅行の話になったら、心の中で「しめた！」とガッツポーズをしてください。

旅行の話になったら、旅行カバンの大きさや、何日前から準備をはじめるかなど、ちょっと困った「笑える習慣」を探してみよう

しっかり者の笑える「困った」

「待ち合わせの場所に、何分前に着く？」

旅支度の話が一段落したら、今度は集合場所に向かいますよね（一人旅でない限り）。
「集合時間の何分前に現地に着くか」というのも、興味を持たれる話題です。

到着後の行動も旅の思い出のひとつ！

私の話をする

「**私は集合時間の四、五十分前に現地に着いてしまうんですよ**」

「ひえーっ！　四、五十分も前にですか？」

私の話をする

「ええ、途中でもしも何かあってはいけないと思って家を早めに出るんですけど、何もおきないので早く着いてしまうんです」

「そんなに長い時間、何をしているんですか？」

私の話をする

「まあ、駅にあるお土産屋さんを回ったり、お茶をゆっくり飲んだりしてます」

「お茶代がもったいないですね」

私の話をする

「旅行前に一人で飲むお茶がたまらなくいいんです」↓気持ちをオープンに

「ああ、もうそこから旅行がはじまっているんですね」

「あなたは？」と聞く

「そう！　そうなんですよ。**○○さんは何分前に集合場所に着くんですか？**」

「私はなるべくギリギリがいいんですけど、結局五分後ぐらいになりますね」

「ああ、いますいます、そういう人。だいたいは走って来ますよね」↓共感する

「ええ、角を曲がってみんなから見えそうな所から走るんですけどね」

「へー、どうりで息が切れてないはずだ」↓合いの手を入れて、盛り上げる

あなたは集合時間の何分前に到着する人でしょうか。


平均的な十分前ぐらい？

それとも三十分以上も早く着いてしまうタイプ？

そして、ギリギリを狙って遅刻するタイプ？


こうした自分の特性が楽しい話題になるのです。

なかには「話し相手が平均的な人だったら、どうしたらいいの？」という疑問を持つ人もいるでしょう。そんなときは、

「**知ってますか？　世の中には集合時間の××分も前に、現地に着いてしまう人がいるそうですよ**」

という話をすればいいのです。そうすると相手も体験談を持っていますから、「私の友人が、そのタイプです」とお話してくれるでしょう。

そしてうちとけた会話ができたところで、「今まで行った中で一番良かった所はど

こですか?」などとありきたりな話を向けると、あら不思議。今度はさまざまなエピソードが出てきて、相手の気持ちや人柄が伝わってくるのです。

人は一度心を開くと、互いにとても話しやすくなって自分の大事な世界を見せてくれるのです。さあ、まずは試しに身近な人にこの話をしてみましょう。

この他にも、
「集合時間に遅れたときは言い訳する?」
「集合時間に遅れてきた人になんて言う?」
など、レパートリーはたくさんある

見ていない「ドラマ話」を振られたら？

「必ず準備するものってありますか？」

テレビをあまり見ない人にとって、テレビ番組の話題ほど困るものはないでしょう。

「お休みの日はどんなことをしているんですか？」

「ビデオに録りだめたドラマなんかを一日かけて見てますね。五時間ぐらい見ると目がショボショボしてきますよ」

「へー、どんな番組を見るんですか？」

「ドラマが多いですね。私、刑事ものが好きなんですよ」

刑事もの？　そんなの見たことがない。もうお手上げだ。話題を変えようか。

「他にはどんな番組を見ますか？」

こんなふうに「他には」を出した時点で、その会話は終わり。相手と親しくなるのもむずかしいでしょう。

相手が「刑事ものが好き」って言っているのに「他には」って言ってしまっては、「あなたの話には興味がない」と宣言したようなものだからです。

では、どうしたらいいのか。こういうときは、ドラマの内容そのものよりも相手自身に焦点を当てて話を聞けばいいのです。

お気に入りの番組を見るときの楽しみ方は？

「あなたは？」と聞く

「**ドラマを見るときに、必ず準備するものってありますか？**」

「準備って？」

「お菓子とかコーラとか」

「ああ、ありますよ。私はポテトチップスとビールですね」

わが家の話をする

「そう言えば、うちの父は抱き枕を抱えて野球を見てましたね」

「あなたは？」と聞く

「抱き枕ですか！」

「ええ、応援しているチームがピンチになると、枕をギューッと抱きしめて見てましたよ」

「可愛いお父さんですね」

「いえ、実物を見たら可愛いなんて言えません……。ドラマを見ながらですと、ビールも進むでしょう」

「そうなんですよ。気がついたら500ミリ缶を5、6本開けてますね」

「それはすごい」

ドラマの話で、しかも自分に馴染みがないとなると、「誰が主役？」「どんなストーリー？」「何曜日にやっている？」という程度の情報会話ですぐに終了となるのではありませんか。

でも「あなたはテレビをどんなスタイルで見ているの？」という話ならば、見ているものが何であろうと話題として使えるはずです。

とくにひとり暮らしの方ですと、誰も叱る人がいないのでテーブルはお菓子の袋や飲み物の缶が山積み、床は食べこぼしでザラザラなんていうお宅もけっこう多いはずです。

そんな暮らしぶりまで教えてくれる人だっていて、そうなると仲良くなるのもけっこう早くなります。ぜひ使ってみましょう。

ドラマを見るときの態勢や手元に置いておくモノにも、人の個性が表れる。「ドラマを見るときの必需品は？」って聞いてみよう

こんな「もしも……」は盛り上がる

「つい惹かれてしまうのは、どのタイプ？」

ドラマの出演者にはさまざまなキャラクターの登場人物がいます。まずカッコいい主役、それを支える可愛い女優さんやイケメンの男優さん、敵役・悪者、いつもドジでその人が出てくるとホッとした雰囲気になる名脇役……。

人によってつい目が行くキャラクター、惹かれる登場人物は千差万別。そこには相手の人生観や、憧れている生き方が色濃く表れていそうですね。こういうふうに話を広げてみましょう。

きれいな女将さんがいる店の〝こんな不思議〟

「あなたは？」と聞く

私の話をする

「**ドラマの登場人物でつい目が行ってしまうキャラクターって、どんなタイプですか？**」

「そうですね。実は刑事もので好きなのが、番組の終わり頃に出てくる小料理屋の女将なんですよ。あのシーンを見るために番組を見ている気がしますね」

「あ、だいたいきれいな女優さんが女将役で出てきますよね」↓共感する

「あんな女性がいるのに、店はいつもすいているのが不思議なんです」

「確かに。たぶん店が満員だと、番組を締めるほのぼのとしたトークがしにくいでしょうからね」

「本当にそうですね」

「そんな店があったら通いたくなりますね」↓気持ちに寄り添う

「もう毎晩行ってもいいくらいです」

あらすじを語り合うだけの会話より、相手の人柄がわかってきて楽しい話になることが伝わったでしょうか。

これからドラマを見るときは主役ばかりでなく、脇役やおとぼけ役にも意識を向けてください。彼らの魅力がわかったら、ドラマのお話をもっとはずませることができるようになりますよ。

そして「もしも家のそばにそんな店があったなら」とか「あなたが主人公だったら」という展開でお話をしてみます。こうなるとイメージが急にふくらんで話が楽しくなります。

以前、私がお話をした人は、古びた旅館に嫁いだ昼メロ若女将シリーズにはまっている人でした。そこで「もしも」でお話をしてみたら、

「**もしあなたがヒロインだったら、旅館を切り盛りしていけますか？**」

「無理です。まず旅館についたときに中居頭に嫌味を言われた時点で、東京に帰って来ます」

「それじゃあドラマになりませんね」

「ええ、根性全くないんで。第一話で打ち切りですね」

「じゃあ、古いやり方にこだわる料理長はどうします？」

「クビです」

「それじゃあ、旅館は倒産ですよ」

「ええ、それで私は東京に帰るんです」

って、どうしても東京に帰る話になって大笑いしたことがあります。「もしもシリーズ」でお話を広げる力がついたら、話すことに際限はなくなります。まずは親しい人に使ってみましょう。

心惹かれるキャラクターについて、「なぜ気になるか」を話し合ってみると、相手の人柄がよくわかる

6 「泣ける場面」にキュンとする

「つい涙をこぼすのはどんな場面？」

感情を刺激するお話ができたら、その会話が盛り上がることは間違いありません。とくにふだんあまり語られていない感情をお話によって刺激されると、詰まっていたものが一気に噴き出してきますから、もう会話は止まりません。

ドラマにつきものの感情と言えば「涙」にきまっていますよね。

「あなたは？」と聞く

「あなたは？」と聞く

「あなたは？」と聞く

どんな場面で泣きますか？

「私は動物ものに弱くて、愛犬との別れのシーンを見るともうティッシュが何枚あっても足りないくらいなんです。**〇〇さんにも、つい涙をこぼしてしまうシチュエーションってありますか？**」↓「私の話」をしながら尋ねる

「うーん、私は父親と娘の話ですね。うちにも娘がいますから、すぐに感情移入してしまうんですよ」

「へー、優しいお父さんなんですね。どんなシーンに弱いですか？」↓詳しく聞く

「そりゃ結婚式の前の晩に、娘が挨拶をしに来るシーンですよ。もう女優さんがうちの娘に見えて、あっという間に涙がボロボロって流れてきます」

「娘さんのこと可愛いんですね」↓気持ちに寄り添う

「もちろん。前にドラマで、若い娘が金髪で耳にピアスの彼氏を連れて親に挨拶するシーンがあったのですが、もうムカムカして」

「わー、じゃあ娘さんがそんな男を連れて来たら大変なことになりますね」↓気持ちに寄り添う

「ええ、私はただでは帰しません」

スポーツ根性ものや友情ものに弱い男性って多いようです。女性はやはり動物や悲恋ものでしょうか。人によって涙の出るシーンが違うのが面白いところです。

さて、男性の場合、家族の前で涙を見せるのは格好悪いもの。それをどうやってごまかしているのか聞いてみたいですね。

人前で涙を見せないための「努力」とは？

「あなたは？」と聞く

「○○さんはご家族の前で泣けるほうですか？」

「いやあ、泣いているところは絶対に見られたくないですね」

「あなたは？」と聞く

「じゃ、**泣きそうになったら、どうしているんですか？**」↓寄り添いながら聞く

「私が一番前でテレビを見ているんで、そこから微動だにせず固まっています。涙は自然に乾燥するまで待つか、しばらくしてから目にゴミが入ったフリをして拭きます」

「あなたは？」と聞く

「自然乾燥！　それは時間がかかりますね。そこまでして涙は見せませんか？」

「だって、子供からお父さん泣いてるって言われたら格好がつかないでしょう」

「男はいつもつらいですよね」↓共感する

こういう話はふだん決してしないものでしょう。だからみんなノッてくる。とくに日頃厳しくて恐い人が「泣くよ。ペットが死んだとこ」なんて言ってくれたら、いっぺんにイメージが変わって好きになっちゃいます。

あなたはどんなシーンに弱いですか。それを見つけることからはじめてみましょう。

ドラマの話になったら、「つい涙をこぼしてしまうシーン」「泣いたところを家族に見せない努力」について話すと楽しい

7

「ショッピング話」には こう応じる

「欲しいものをすぐに決められますか？」

男性が女性とおしゃべりするときに困るのがファッションの話。「サマンサタバサ®に行ってきたんです」って言われても、「はい？　なんですか、それ？」って思う人もけっこういるのではありませんか。自分があまり関心のない話題になったときこそ会話力の違いが露わになりますね。そんなときはファッションそのものではなく、相手の気持ちに焦点を当てたお話にしてみましょう。

買い物の仕方について聞く

「サマンサタバサに行って来たんです」

「女性の好きなお店ですね」　↓相づちを打つ

「ええ、もうお店に入るとテンション上がっちゃいますね」

「あなたは？」と聞く

「ショッピングは当然お好きなんでしょうね」

「もちろんです」

「あなたは？」と聞く

「欲しいものがあったら、すぐに買うと決められるほうですか？　それとも迷うほうですか？」

「ああ、すごく迷いますね」

「あなたは？」と聞く

「迷いますか！　そんなときはどうするんですか？」

「だいたい一緒に行った友達に相談します」

ショッピングにつきものの気持ちと言えば「迷い」ですね。そこを話題にすればいいエピソードが出てきますよ。話は気持ちから発展して、その後の行動に移ります。

買うかどうかの悩み方について

「**女の人って、決めるまでに時間がかかりますよね**」

「かかります、かかります。もうすごく悩んじゃいます」

「あなたは？」と聞く

「**そんなときは、どうするんですか？**」

「お茶を飲んだり、他の店を見て回ったりしながら考えるんですよ」

「あなたは？」と聞く

「それで考えがまとまるものですか？」

「まとまったためしがないですね」

最近は男性も決断力がない人が増えてきました。そこには人それぞれのドラマがいっぱいありそうです。相手を知るいい手がかりにもなりそうなこの話題。ショッピングの話になったら、ぜひ使ってみましょう。

「迷い方」は人それぞれ。「決断のポイント」も聞いてみよう

意外な人柄を探るコツ

「お店の人と話すのに抵抗はないですか？」

ショッピングといえばお店の人とのコミュニケーションは不可欠。そこに不安や煩わしさを感じている人がいっぱいいるはずです。これぞ会話のチャンスです。

「あなたは？」と聞く

お店の人との会話に困る……

「ショッピングするとき、どうしてもお店の人と話さないといけないでしょう。私はあれが苦手で、買うと決めたとき以外は、お店に入らないようにしているんですよ。**○○さんはお店の人と話すのに抵抗はないですか？**」

「私もお店の人が近寄って来たら逃げますね」

「なかなか一人でゆっくり見せてはくれませんよね」↓共感する

「まあ、あちらもお仕事ですからね」

「あなたは？」と聞く

「私は試着したら買わないといけないって思い込んでいて、どうも断れません。あれって断ったら、やっぱりケチな奴って、お店の人は思っているんですかね？」↓「私の話」をしながら尋ねる

「まさか！　そんなことはないでしょう。私は断るときはちゃんと断りますよ」

「あなたは？」と聞く

「何か、いい言い方ないですかね？」

「当たり前に、ありがとうございました。これはちょっといただけません、って言えばいいんですよ」

「そうなんですか。今度使ってみます」

さあ、ショッピングの締めは、お店の人の押しに強いか弱いかをお話ししてみましょう。意外な人が「薦められると買っちゃうんだ」と言うかもしれませんよ。

「あなたは？」と聞く

「じゃあ、○○さんはお店の人の押しにも負けない人なんですね」

「もちろん、お金が絡むと強くなるんです」

「しっかりされているんですね。私は服を買うときに、もう一枚買うと10％引きになりますよ、なんて言われるとつい買っちゃうんです」

↓盛り上げる

あなたはお店の人のひと押しに強い？　弱い？　それが話題になるのですから、日頃から店員さんとのやりとりをよく覚えておくといいですね。自分のいたらなさを笑ってお話しできるようになれば、もう会話の悩みからは卒業です。

お手本のツボ

お店の人の一言で「つい買っちゃった」という体験があれば思い出してみよう。プッと笑える題材に！

6章

「大勢」の中で使ってみよう

コレでみんなが「夢中になって」話し出す！

1 ワッと盛り上がる大ネタを紹介

「風邪のとき、熱が何度出たら休む？」

お手本ルールの締めは、あなたを会話の中心、飲み会のスターにしてしまう5つのお手本です。七、八人ぐらいなら、ひとつの話題でワイワイ楽しくお話しできます。一体感があって忘れられないイベントになるでしょう。実際に内気な生徒が職場の飲み会で使ってみたら、周りの人たちがここで紹介する話題に参戦してきて大盛り上がり。**「このビッグウェイブは自分が起こしたんだ！」と、人生初の出来事に興奮したと報告してくれました。あなたも興奮のるつぼにはまってみませんか。**

なお、これから紹介するお手本は、誰もが思わず本音をもらしてしまう大ネタですが、使うタイミングが重要です。いきなり使ってしまうと、相手も心の準備ができなくて、話しづらいかもしれません。まずは1章にあるような初歩的なお話からはじめて、相手がノッてきたところを見計らって使ってみましょう。では、ひとつ目のお手本です。忘年会やランチタイムにこんな話をしてみてください。

風邪をひいたら、何度で休む？

「寒いね」

「まだまだ、暖かくならないらしいよ」

「風邪も流行っているもんね」

「私も、もう二回も風邪にやられたよ」

「あなたは？」と聞く

「風邪でも会社には行っていたの？」

「うん、なんとかね」

「あなたは？」と聞く

「**ところで熱が出たら、何度ぐらいから会社を休もうと思う？**」　↓周囲に聞く

「うーん、38℃ぐらいかな」

「38℃！　ボクは37℃でダウンするよ」

「37℃って平熱じゃないの」

さあ、熱が出たら何度ぐらいで会社を休むのか。これには「根性」「がまん」「負けじ魂」「ひ弱」などの気持ちがギッシリと詰まっていて、話が尽きません。

私の体験では、高校野球経験者で空手二段の体格のいい男性が「37℃で、もう動けません」と言ってくれたことが忘れられません。スポーツマンってけっこう病気に弱いという事実を教えていただき、一層の親近感を持ちました。もちろん、一対一でお話しするときも使ってください。相手の意外な一面に触れることができるかもしれません。

お手本のツボ

当人とのギャップがあると、より会話がはずむ!

青春時代を振り返ろう

「卒業と聞いて、思い出す歌は何？」

春がやって来れば、あちこちで袴姿の学生を見かけるようになります。卒業という人生の節目を迎えたどの顔にも、新鮮な輝きがありますね。

もちろんあなたにもそんな青春があったはず。覚えていますか、あの頃のことを。

そんな甘酸っぱい思い出をよみがえらせてくれるお手本があります。2章の続き（80ページ参照）としてご活用ください。

卒業シーズンの懐メロは？

「袴姿の学生さんをチラホラと見かけるようになりましたね」

「あなたは？」と聞く

私の話をする

「卒業のシーズンなんですね」

「初々しくていいですよね。私は大学を卒業してもう○年になるのか。早いなあ」

「本当に」

「**○○さんの世代だと、『卒業』と聞いて思い出す歌は何ですか？**」↓周囲に聞く

「私は子供の頃、SPEEDのファンだったので、『my graduation』ですね」

「SPEED！　若いなー。私はその歌が流行っている頃、もう社会人でしたよ」

「そうなんですか。○○さんはどんな歌を思い出しますか？」↓周囲に聞く

「私はね、ユーミンの『卒業写真』かな」

「ユーミン？　そんな歌手がいたんですね」

四十代以上の方は「ユーミン？　そんな歌手がいたんですね」というセリフに、「そんなことを言うヤツはいないよ！」って突っ込んだはず。これが実話だから現実って怖い。

平成生まれの、ゆとり世代と呼ばれる若い方々の中には、あのユーミン様を知らな

いという方がボチボチ現れてきているのです。

そんな驚愕の事実をいち早く耳にし、時代の流れを肌で感じ取れるのもこのお手本のおかげ。同世代でお話をするときに「あのねー、今の若い子ってユーミンを知らないっていうのよ」と話題にすることができるでしょう。

みんなで「エーッ！　信じられない」って合唱しましょう。またパーティーなどで出会った相手の年齢を推測する話題としてもおあつらえ向きですね。


「私は卒業というと、斉藤由貴の『卒業』を思い出しますね。○○さんはまだお若いからご存知ないでしょう」

「知ってますよ。××××っていう歌ですよね」
「ええっ！　ご存知ですか。もしかして同年代ですか？」
「そんな訳ないでしょう」

私の生徒の生々しい失敗談です。十五歳も下の女性に最悪の言葉。そりゃ振られますよね。

この話題、同年代が揃ったときに使えば懐かしいあの頃の話に花が咲き、違う年代がいるときに使えば新鮮な話を聞かせてもらうこともできます。また奥様や旦那様に使うと、長年連れ添ったような仲でも、今まで聞いたことのないお話が聞けますよ。

目じりの皺が気になり、ファンデーションが筋になるお年頃を迎えても、こんな話をすれば恋に恋したあの頃に帰ることができるのです。

歌にはたくさんの思い出がギュッと詰まっている。あの頃のエピソードを語り合おう

3 本音を話してストレス解消！

「休み明け、調子が戻るのにどれくらいかかる？」

これは一対一で使っても楽しいし、大勢の中で使っても全員で盛り上がれる楽しいお手本です。同じ会社に勤めていて、同じような顔をして働いていても、みなさまざまな意識で働いていることに驚いてください。

私の話をする

ゴールデンウィーク明けにピッタリの話題！

「○○さん、もうすぐゴールデンウィークですね」

「本当だ。早いねー」

「**私はね、ゴールデンウィーク明けって、なかなか仕事の調子が戻らないんですよ**」

「わかる、わかる」

私の話をする

「元に戻るのに一週間ぐらいかかりますかね」↓本音を暴露

「えーっ！　一週間。それはかかり過ぎでしょう」

私の話をする

「やっぱり。やっと調子が戻ってきたと思ったら土日がやってきて、また身体がダレるんですよ」↓またまた本音！

「キミの上司でなくてよかった」

「あなたは？」と聞く

「すみません。○○さんはどれくらいかかりますか？」

「休み明けの日の午前中いっぱいは、かかるかな」

「ひえー、午後からはもう本調子ですか！　仕事ができる人は違うなー」

「ま、今年はどうなるかわからないけどね」

この話題も人それぞれ個性が出ること間違いなしです。そして、この話題はゴールデンウィークに限らず、夏休み、正月休みと全て使える便利さがいいでしょう。もちろん直属の上司にこんな話をしてはいけませんよ。

でもお酒の席でなら、「課長は連休明けに仕事の調子が元に戻るまで何日間ぐらいかかるんですか？」と聞くのはアリだと思います。課長もうっかり「三、四日はかかるかなー」って本音を聞かせてくれるかもしれません。

私の長年のアンケートでは、「クリスマスの二週間前から仕事の気合いが抜けて、正月明けから仕事の調子が戻るまでにまた二週間かかる」って言った人がいました。もちろんバブル世代の方ですよ。一ヵ月以上も気合いが抜けた状態で会社に行っているんですね。そんな彼も、とある大都市の支社長。大丈夫かなー。

やっと
夏休み前の
調子がもどって
きましたよ
もう11月だよ？

お手本のツボ

真面目そうに見える人が「実は……」と本音を言ってくれる可能性大！　みんなの素顔が覗けて楽しい

4

「夏休みの宿題」ネタで、人生の不思議を語る

「夏休みの宿題をやり終えるのはいつ？」

夏の暑い平日、昼間の電車や街角に子供たちの姿をよく見かけるようになったら、それは夏休みがはじまったという印。そんな光景を見かけたら、こんなお手本はいかがですか。

あの頃、「夏休みの終わり」はいつもバタバタに！

「暑い暑いと思ったら、子供は夏休みなんだ」
「ああ、そうだね。子供はいいね」

私の話をする

「僕は夏休みになると、今年こそは宿題を早くやり終えるぞって思いながら、毎年必ず八月三十一日に家中を巻き込んで大騒動だったよ」↓ユーモラスに

「まあ、だいたい誰でもそうですよね」

「あなたは？」と聞く

「**○○さんは夏休みの宿題をやり終えるのはいつ頃でしたか？**」

「私は九月になってから、宿題を見せてくれる友達を探し回っていましたね。とくに読書感想文なんか苦手でした」

私の話をする

「ああ、私は絵日記が全然ダメでしたね。八月三十一日には父親が気象台に電話して、夏休み中の天気を調べてくれましたよ」↓軽く盛り上げる

「いいお父さんですね」

「いやあ、甘やかされて育ったので、大人になってから苦労しているんですよ」

このお手本は家庭環境までわかってしまう優れモノです。でも、「夏休みの宿題の話なら自分だって一度や二度はしたことがある。わざわざ教えてもらうほどの話題ではない」と異議を唱える人もいるでしょう。

実は、この後のお話こそが、真のお手本となるのです。

私の話をする

宿題をマジメにやった人はどうなった？

「夏休みの宿題をきちんと早めに仕上げている人っていたでしょう」

「うん、いたいた。うちのアニキはそのタイプでしたよ」

「**私は、子供時代に夏休みの宿題を早めに仕上げた人って、どんな人生になったのかすごく興味があるんですよ**」

「なるほど！　学校の先生も親も、彼らをほめそやしていたもんね」

「そうなんですよ。そんな人たちがいい会社に入って、裕福な暮らしをしているのならいいですよ。でも、もしも私とあまり変わらない人生だったら、真面目に勉強するってことは役に立たないのかって思いますよね」

「うわー、深い話になってきたな。まずうちのアニキですが、普通の公務員になって小遣いが月に3万円の平凡な亭主になってます。私と生活レベルは変わりませんね」

「やっぱりかー。実は私の実家の近くにかつての秀才が住んでいて、彼も今ではあ

りふれたサラリーマンなんですよ。どうなるかわかりませんね」↓やや皮肉
「そうですか。まあ、もう少しアンケートをとらないといけませんが。しかしこれは子供たちには決して教えてはならない恐るべき人生の法則になるかもしれませんね」

「これで本を書いたら学校はパニックですよ。夏休みの宿題を早くやるヤツは出世しない、なんてタイトルどうでしょう」↓ちょっと悪のり
「おそらく国家につぶされるでしょう」

実は私が教室でとったアンケートを見る限り、夏休みの宿題をいつやり終えたかという問題と人生の成功との間には相関関係がないような結果が出ています。あなたも周りの人々に会話という形でアンケートをとって、人生の不思議に触れてみませんか。

ギリギリまでやらなかった人、さっさと終わらせた人、諦めた人など、さまざまな話が聞ける。今の仕事ぶりと、共通点も意外に多い!?

「衝撃の夜」の話で、もう会話が止まらない

「サンタさんはいないと気づいたのは何歳のとき？」

本書の締めに、クリスマスシーズンに使えば必ず話が盛り上がり、相手の人と仲良くなれるお手本をご紹介しましょう。それは誰にでもあった衝撃の事実。現実を真実と受けとめきれない葛藤。そうです、「サンタさんはいない」とわかったあの夜の出来事について、あるときは二人で、またあるときは大勢で語り合ってほしいのです。

「親サンタ」に気づいた経緯は……

「もう12月ですね」

「今年も終わりか。早いね」

「本当に早いですね。○○さんはクリスマスのご予定はありますか？」

「あるわけないでしょ。彼女いない歴××年なんだから」

「あなたは？」と聞く

「わー、すみません。ところで○○さん、**サンタさんはいないって気づいたのは何歳ぐらいでしたか？**」

「エーッ、何それ。たしか小学校四年生のときかな」

「あなたは？」と聞く

「**何か事件がありましたか？**」

「クリスマスの夜に私が寝ていたらね、顔の上に何かが落ちてきたんですよ。びっくりして目を開けたら、父親が部屋から逃げ去って行く後ろ姿が見えたんです。なんと枕の傍らにひっくり返ったプレゼントがあったんですよ」

「ひえー、それで気づいたわけですか」

「まあ、気づきますよね」

私の話をする

「私は小学三年生の頃でしたね。プレゼントにサンタからの手紙がついていて、お母さんの言うことをよく聞いていたら、また来年もプレゼントを持って来るよ、って書いてあったんです」

私の話をする

「ええ」

「でも、その字が日本語っておかしいでしょう。サンタさんはフィンランドから来るのに」

「あっ、そうか！　賢い子供でしたね」

「そして決定的だったのが、手紙の文字がどう見ても母の字だったことですよ」

「お母さんも、うかつでしたね」

「子供ながら、『ずるい！』って思いましたよ」

強烈な感情が伴うエピソードが出てくると、お話は俄然盛り上がるもの。サンタさんネタは子供心に衝撃を与えるので、多くの人がエピソードと共に覚えているものなんですね。その事件は子供のいる家庭の数だけ存在すると言ってもいいぐらいで、それぞれの家でさまざまなハプニングが巻き起こっているのです。私が教室で聞いただけでも、こんなに！

「押し入れを開けたらプレゼントが隠してあった。クリスマ

スの夜、案の定それが自分の枕元に置かれていた」

「自分が小四のとき、母が『六歳の弟はサンタさんを信じているから、あなたもサンタさんがいるフリをしておきなさい』って言った。エーッ！　サンタさんはいないの……って心が震えた」

「小二のとき、プレゼントが不良品だった。母が激怒して自分の手を引いて近所のスーパーに行き、『壊れているやん！』と文句を言っていた。そのときにサンタさんはいないんだと悟った」

あなたにはどんなエピソードがありますか。そして友人や恋人、そして上司にはどんな過去が隠されているのでしょうか。ぜひぜひ、たくさんの人々と語り合ってください。それぞれの秘密を語り合った後は、各々の心は強く結びついて親しみが身体いっぱいに染み渡るでしょう。

この話題は、誰もが身を乗り出す楽しいお話。童心に返って思う存分話すうちに、周りの人たちとの親密度もアップしますよ♪

〈著者紹介〉

野口 敏（のぐち・さとし）

●―1959年生まれ。関西大学を卒業後、きもの専門店に入社。1万人以上の女性に接客し、人の心をつかむコミュニケーション方法に開眼。それをきっかけにコミュニケーションスクール「ＴＡＬＫ＆トーク」を開校。

●―現在、（株）グッドコミュニケーション代表取締役。「話し方教室ＴＡＬＫ＆トーク」を主宰。会話に悩める人が待ち望んだ、具体的でシンプルなコミュニケーションスキルが豊富にあると評判になり、全国各地から受講生が詰めかけている。

●―モットーは「今日習った人が、今日少しうまくなる」。実生活にすぐ生かせるノウハウや会話フレーズを懇切丁寧に伝授している。その温かくユーモアにあふれた人間味に惹かれて、リピートする受講生も後を絶たない。生涯学習開発財団の認定コーチの資格も有している。

●―現在、大手企業の社員教育、歯科医師会、就職対策実習など、幅広い講演活動を行っている。『誰とでも15分以上　会話がとぎれない！話し方66のルール』『誰とでも15分以上　会話がとぎれない！話し方　やっぱり大事！！46のルール』（小社刊）は、あらゆる年代の幅広い層に支持され、90万部を超える大ヒットを記録。今、最も注目を浴びているコミュニケーション本の第一人者。このほか主な著書に『一瞬で人に好かれる話し方』（学研パブリッシング刊）、『誰からも大切にされる女性の話し方』（経済界）などがある。

話し方教室 TALK ＆トーク
http://www.e-0874.net/

誰とでも15分以上　会話がとぎれない！話し方
そのまま話せる！お手本ルール50

2013年5月29日　第1刷発行
2013年6月21日　第2刷発行

著　者――野口敏

発行者――徳留慶太郎

発行所――株式会社すばる舎

東京都豊島区東池袋3-9-7 東池袋織本ビル　〒170-0013
TEL　03-3981-8651（代表）　03-3981-0767（営業部）
振替　00140-7-116563
http://www.subarusya.jp/

印　刷――株式会社シナノ

落丁・乱丁本はお取り替えいたします

ISBN978-4-7991-0250-3 C0030